D1689122

**Impressum**

1. Auflage 2020
© der vorliegenden Ausgabe bei Horst R. Müller
Alle Rechte, auch die des auszugsweisen Nachdrucks, der fotomechanischen und elektronischen Wiedergabe, der Übersetzung und Aufführung vorbehalten.

Lektorat: Martina Schewior
Korrektorat: Martina Schewior
Satz: Martina Schewior
Umschlag: Martina Schewior
Druck: Booksfactory

Hinweis zu den Zitaten: Die zitierte Literatur wurde in der ursprünglichen Schreibweise belassen.

Hinweis zu externen Links: Die im Buch angegebenen Links zu Webseiten beziehen sich auf Webseiten Dritter, auf die ich keinen weiteren Einfluss habe. Für die Inhalte der angegebenen Seiten sind deren Inhaber oder Seitenbetreiber verantwortlich. Zum jeweils angegebenen Zeitpunkt der Recherche entsprach der Seiteninhalt meinen Angaben.

ISBN 978-3-00-064184-8
Buchpreis: 12,00 €

Dieses Buch ist über den Autor Horst R. Müller
Dornenweg 9a, 67117 Limburgerhof
und seinen Vertrieb Schlauberger e. K. zu beziehen.

Kontakt:
horst.r.mueller@t-online.de
schlauberger@mindmapping.de

Horst R. Müller

# Die Flamme lebt

Theaterstück

zum 100. Geburtstag
von **Joseph Beuys**

**Für Joseph Beuys**

Mit besonderem Dank für die Unterstützung
bei der Realisierung dieses Projektes an
Stefanie, Heinz, Texel


Herzlichen Dank für Feedback und Ermutigung an
Peter, Martina, Rainer, Ute, Benno

# Inhalt

| | | |
|---|---|---|
| 1 | Akteure | 7 |
| 2 | Eröffnung | 9 |
| 3 | Spontane Entscheidung beim Frühstück | 10 |
| 4 | Darmstadt | 18 |
| 5 | Kassel | 32 |
| 6 | Stuttgart | 46 |
| 7 | Hamburg | 52 |
| 8 | 100. Satz der Sibirischen Symphonie<br>Geschenk für Joseph Beuys | 56 |
| 9 | Basel | 65 |
| 10 | Leipzig | 76 |
| 11 | Düsseldorf | 85 |
| 12 | München | 97 |
| 13 | Frankfurt | 106 |
| 14 | Ludwigshafen | 114 |
| 15 | Hinweise zu Aufführung, Lesung, Stempel | 121 |
| 16 | Liste der erwähnten Werke von Joseph Beuys | 124 |
| 17 | Ergänzende Hinweise zu Joseph Beuys | 127 |
| 18 | Anmerkungen | 131 |
| 19 | Literaturverzeichnisse | 153 |

# 1 Akteure

**Hauptdarsteller, Studierende:**
DANIEL   der Beuys-Fan
TOBIAS   Freund von Daniel
ANNA     interessierte Mitbewohnerin

Daniel und Tobias sind Freunde seit Schülertagen. Anna, etwas jünger als die beiden, stammt aus demselben Ort. Sie kennt beide vom Sehen aus Schule und Freizeit, was die Voraussetzung war, zu Studienbeginn zu ihnen in die WG zu ziehen.
Anna und Daniel sind einander zugeneigt (fast schon verliebt), doch noch kein Paar, sie könnten es werden.

**Der Chor**
Vier bis acht Männer in Beuys-typischer Kleidung.
Da das Stück den „ganzen Beuys" repräsentiert, kann die Bekleidung auf alle Lebensphasen verweisen ggf. mit einem Schwerpunkt auf die bekanntesten Kleidungsstücke wie Jeans, Hemd, Anglerweste. Andere Möglichkeiten:
- schwarzer Anzug der frühen Jahre
- Fliegeroverall
- Filzanzug
- knöchellanger Fellmantel
- knielanger Stoffmantel (Schweizer Sanitätermantel)[1]

Der Chor kommentiert oder ergänzt mit Beuys-Zitaten oder (seltener) meinen Texten das Geschehen auf der Bühne. In einigen Szenen agiert der Chor nicht statisch, sondern deutet Aktionen oder Installationen von Joseph Beuys an. Er erweckt Kunstwerke, macht Anspielungen, ist aktiv.

Am Ende der Szenen fegt[2] der Chor die Bühne. Dabei hat jedes Chormitglied einen anderen Besen. Jeder Besen nimmt oder verteilt eine andere Energie. Im Sinne von Joseph Beuys gibt es Besen mit Haaren, ohne Haare, mit Filz oder Metallunterseite sowie Stielen aus verschiedenen Materialien.[3]

**Die Protestler/-innen**
Joseph Beuys hat immer wieder Widerstand gegen sich, seine Aktionen oder seine Kunst erlebt. Diese Position der Kritiker übernimmt im Stück die Gruppe der Protestler/-innen (vier bis acht Personen). In passender Kleidung der dargestellten Gruppe/Personen tragen sie meine oder Texte Dritter vor, während sie Szenen eröffnen, unterbrechen, beenden.

**Hinweis**
Chor und Protestler treten bis auf eine Ausnahme (Leipzig) nicht zeitgleich auf, sodass es zwischen beiden Gruppen Überschneidungen bei der Besetzung geben kann.

**Zeitpunkt des Stückes**
Nur die erste Szene hat eine zeitliche Zuordnung:
30. Todestag von Joseph Beuys: Samstag, 23.01.2016.

Für die anderen Szenen ist keine zeitliche Zuordnung nötig, vorgesehen.

## 2  Eröffnung

*Der Chor vor der geschlossenen Bühne:*

**CHOR**
„Ich habe keine Hoffnung für die Zukunft nötig,
ich brauche sie nicht,
weil ich […] die Möglichkeiten vor Augen sehe, die bestehen. […]
Ich habe keinerlei Optimismus oder Pessimismus
gegenüber der Zukunft,
sondern ich sehe einfach Möglichkeiten.
Ich könnte einen ganzen Katalog von Möglichkeiten
sagen […].
Ich sehe also überall Möglichkeiten […]
die unendlich vielen Möglichkeiten, die ein Mensch hat,
täglich hat […]."[4]

## 3   Spontane Entscheidung beim Frühstück

*Küche einer Studenten-WG*
- *auf einer Seite eine Art Küchenzeile, nicht mehr neu, aber alles Wichtige vorhanden (Spülmaschine, Mikrowelle, Wasserkocher, Kaffeemaschine…)*
- *auf der anderen Seite des Raums Regale (Kram, Vorräte, Kochbücher), optisch idealerweise ähnlich wie* **Hirschjagd**[5] *oder die Installation* **Barraque D'Dull Odde**[6]
- *zentraler Tisch in der Mitte*
- *auf dem Tisch eine* **rote Rose in einem Messzylinder** *analog documenta 5*[7]

*Samstag, 23.1.2016*

*TOBIAS, DANIEL sitzen am Küchentisch*
- *TOBIAS frühstückt, ist dabei mit seinem Smartphone beschäftigt.*
- *DANIEL, mit einer großen Tasse vor sich, liest in einer Zeitung, dann schaut er eine andere Zeitung durch, vor ihm ein kleiner Stapel Zeitungen, Zeitschriften, blättert Zeitungen, Zeitschriften schnell durch. Macht den Eindruck als suche er etwas, hoffe er etwas zu finden.*

*ANNA betritt, etwas derangiert, strubbelig in Unterwäsche oder Schlafkleidung die WG-Küche.*

| | |
|---|---|
| **ANNA** | Morgen. |
| **TOBIAS** | Früh geworden? |
| **ANNA** | Asta-Faschingsparty<br>Noch Tee da? |
| **DANIEL** | *keine Reaktion* |
| **TOBIAS** | Nimm meinen, ich mach frischen. |

| | |
|---|---|
| ANNA | *setzt sich, nippt am Tee, stützt den Kopf auf* Igitt – Zucker! *schaut sich um* |
| TOBIAS | Sorry, gibt gleich frischen. |
| ANNA | Wer ist denn die Glückliche? |

*TOBIAS, DANIEL schauen fragend hoch*

| | |
|---|---|
| ANNA | Na, die Rose da! |
| TOBIAS | Hommage an die documenta 5. Macht der immer wieder. Hat er sogar schon mal in der Schule gebracht. |
| DANIEL | *keine Reaktion* |
| ANNA | Und? |
| TOBIAS | Hat nichts mit Frauen zu tun, |
| DANIEL | *schaut von seiner Zeitung auf, wirft sie weg* Süddeutsche: nix! *wirft sie weg, nimmt andere Zeitungen, die vor ihm liegen* FAZ: nix! *wirft sie weg* Zeit: nix! *wirft sie weg* *laut* Das gibt's doch nicht! Ich könnt' kotzen! Kein Artikel, nicht eine Zeile! Einfach ignoriert! |
| TOBIAS | *leise zu ANNA* Das ist der Grund. *zu DANIEL* Zeitungen, was willst du mit Zeitungen? Du musst im Internet schauen! |
| ANNA | *irritiert, schaltet sich ein* Von wem redet ihr? |
| TOBIAS | *zu ANNA* Beuys! |

*zu DANIEL, hält ihm sein Smartphone/iPad hin*
Er ist nicht vergessen
• Moyland[8] macht eine Aktion in Facebook
• Darmstadt Sonderführungen und Vorträge

DANIEL  Das ist nicht genug!
Wie hieß es immer: Der bedeutendste Künstler des 20. Jahrhunderts!
Und: 30. Todestag – puff!

ANNA  Du interessierst dich für Kunst?

TOBIAS  Beuys!

DANIEL  Und?

ANNA  Ungewöhnlich! Hätt' ich nicht erwartet.

TOBIAS  Den Fimmel hat er schon lang.
Ich versteh's auch nicht.

DANIEL  Beuys tut gut!
Er verbindet, er verbindet alles – Intuition, Intellekt, Ideen, Menschen, Natur, Energien.
Er ist ein Kümmerer, ein Hirte. Er zeigt das Wichtige, das Grundlegende, manchmal Archaische. Seine Installationen, seine Räume berühren, verzaubern, verunsichern. Seine Batterien sind Energiequellen für den Betrachter.

TOBIAS  Das hat er von seinem Vater.

DANIEL  *unwirsch* Blödsinn, das sind meine Gedanken.
Mit meinem Vater hat das nix zu tun. Außer, dass er mich in die eine oder andere Ausstellung geschleppt hat – mehr nicht. Muss ich jetzt Beuys schlecht finden, bloß, weil ihn mein Vater gutfand?

| | |
|---|---|
| TOBIAS | Na ja. Aber du musst schon zugeben, so viel generationenübergreifende Harmonie ist selten. |
| DANIEL | Beuys ist was für jede Generation. Ich könnt's dir beweisen. |
| ANNA | Und heute ist der 30. Todestag? |
| DANIEL | Ja, und keinen interessiert's!<br>Ich will, dass seine Botschaften leben, im Alltag, mitten unter uns, dass wir erkennen, sehen, spüren, wie zeitlos, wie nötig, wie aktuell der **erweiterte Kunstbegriff** und die **soziale Plastik** sind! |
| TOBIAS | Dazu müsste er leichter zu verstehen sein *leise zu ANNA* und wahrscheinlich noch leben. |
| DANIEL | *schaut ärgerlich zu TOBIAS*<br>*Er legt drei Haushaltsgeräte mit langem Stiel (Besen, Schrubber, Gardinenstange o.ä., was in einer Küche rumstehen könnte) nebeneinander, sodass die Stielenden leicht aufgefächert sind, und deckt das untere Drittel mit einer Decke ab.*<br>**Schneefall!**[9]<br>Bei Beuys waren das drei junge Baumstämme und die Decke waren mehrere Lagen aus Filz. Das versteht doch jeder.<br>Decke oder Filz symbolisieren den Schnee und was machen die – wärmen!<br>So einfach ist das! |
| ANNA | *wird wacher* Einleuchtend, Filz bedeckt so leicht wie Schnee, schützt. |
| DANIEL | Was mischst du dich jetzt ein? |

| | |
|---|---|
| ANNA | Ey, kein Grund für schlechte Laune – und übrigens hatte ich Kunst-Leistungskurs, inklusive Beuys-Referat. Aber das gab nur 8 Punkte. War schade, wo ich mich so bemüht hatte. Aber **Schneefall** – das kapiert jeder. |
| TOBIAS | Ok, auch ich hab's kapiert. Ernsthaft! Habt ihr euch das Bild **Röhrenherzen** mal angeschaut. Ein schönes buntes Bild mit viel Spielraum für Assoziation – solange man den Titel nicht kennt. Und wenn man den Titel kennt, sollte man wissen, dass **Röhrenherzen**[10] primitive Insektenherzen sind. Ohne meinen Bio-Lehrer und eine Projektwoche „Insekten", wüsste ich das bis heute nicht. Und da sagst du, man braucht kein Vorwissen! |
| DANIEL | Ich sehe ja ein, dass jemand, der in Bio nichts von dieser Herzvorstufe bei Insekten gehört hat, bei dem Bild irritiert ist. Aber das gilt nicht grundsätzlich. Man braucht kein Wissen, um seine Kunst zu verstehen. Warum nicht die Dinge einfach auf sich wirken lassen? Du brauchst keine Vorkenntnisse[11], um mit einer Rauminstallation, einer Plastik etwas anfangen zu können. So wie beim **Schneefall**. Wozu hat er denn sonst **dem toten Hasen die Bilder erklärt?**[12] Weil er zeigen wollte, „dass sogar ein toter Hase [...] die Bilder der modernen Kunst besser versteht als der Mensch mit seinem verkorksten, sogenannten rationalistischen Intellekt."[13] |
| ANNA | Aber das kann ja auch nicht alles sein. Was wir wahrnehmen, hängt auch von unserem Wissen ab. |

Schaut euch ein mittelalterliches Altarbild an. Ihr seht auf dem Bild eine weiße Lilie[14]. Ihr seht eine Lilie, aber ich sehe ein Symbol der Jungfrau Maria. Und das, weil ich weiß, dass in den Altären, weil die Leute damals nicht lesen konnten, mit Bildern gearbeitet wurde und die Lilie für die Jungfrau Maria steht. Das heißt, ich verstehe die wirkliche Bedeutung des Bildes, wie es gedacht war, und ihr nicht!

**DANIEL** Aber das ist immer so. Wir treten mit unserer ganzen Persönlichkeit einem Kunstwerk gegenüber. Mit Gefühlen, Intuition, Intellekt. Wissen ist für Beuys doch nur ein Teil, ein überbewerteter Teil. Die Frage ist doch, ob die Veränderung der Wahrnehmung, die durch Wissen geschieht, immer so nützlich und sinnvoll ist?
Ohne Wissen schaust du auf ein Bild, nimmst es wahr. Mit Wissen schaust du auf ein Bild und sagst: „Oh, ein Röhrenherz". Der Unterschied ist: Es wirkt nicht mehr direkt, sondern über den Filter deines Wissens. So verlässt du nie deine Denkkomfortzone. Menschen lieben es, Dinge in Schubladen zu stecken. Ein Kunstwerk, das wirken soll, müssen wir anders betrachten, denn: Kategorisieren vernichtet Wirkung!

**ANNA** Sind deshalb in Darmstadt die Stücke in den Vitrinen unbeschriftet?[15]

**DANIEL** Ich denke schon. „Interpretation ist unkünstlerisch", hat er gesagt. Oder „durch verfrühte Interpretation macht man die Wirksamkeit des Bildes kaputt."[16]

TOBIAS     Trotzdem. Da ist zu vieles, mit dem ich nichts anfangen kann.

DANIEL     Sicher? Neugierig bist du aber schon. Du hast mir doch die Story mit dem Whisky erzählt.

ANNA     Whisky? Erzähl!

TOBIAS     Das war Zufall.
Hab' ich auf YouTube entdeckt.[17] Er hat im japanischen Fernsehen **Whisky-Werbung** gemacht.

ANNA     Und warum?

TOBIAS     Laut Google für die Finanzierung der Baumpflanzaktion **7000 Eichen**.

DANIEL     Die Aktion in Kassel hat 3,5 Millionen Euro gekostet. Ein damals völlig unterschätzter Betrag – aber er hat ihn zusammenbekommen!

TOBIAS     Mit **Whisky-Werbung**! Er scheint ja für seine Kunst so ziemlich jede Möglichkeit genutzt zu haben.

DANIEL     Ich denke schon. Das müsste dir doch gefallen, dieser Einsatz? Glaub' mir, Beuys ist für alle. Habt ihr wichtige Termine nächste Woche?

ANNA     Wieso?

DANIEL     Lasst uns auf Tour gehen!
Auf eine Beuys-Entdeckungstour!
Wir sind die Beuys-Archäologen.
*setzt sich eine Stirnlampe aus dem Regal auf*

TOBIAS     Du spinnst!

**ANNA** Warum nicht? Wär' mal was anderes.
Ich hab' nix Wichtiges kommende Woche.

**DANIEL** Kommt! Beuys ist zeitlos, aktuell, echt interessant. Beuys ist auch was für euch. Beuys hat jedem etwas zu sagen.
Nur: Er lebt nicht mehr! Also müssen wir auf ihn und sein Werk zugehen. Ideen leben durch Menschen weiter.[18] Er kommt jetzt nicht um die Ecke. Er kann nicht mehr auf uns zugehen. Er kann schon gar nicht mehr vorangehen.
Wir sind am Zug.
Auf!

*Der Chor fegt und räumt die Küche auf.*

## 4    Darmstadt

*Die Bühne fast leer, das Regal aus Szene 1 könnte noch auf der Bühne stehen (Anspielung auf **Hirschjagd**). Links ein paar Filzstapel evtl. **Doppelaggregat** marginal nachgebaut. An der rechten Bühnenseite einige Vitrinen, davon eine ohne Scheiben, dass man die Gegenstände bespielen könnte (für die Diskussion um Vitrine 1, Raum 5 in der zweiten Hälfte der Szene). Der **Block Beuys** im Hessischen Landesmuseum Darmstadt besteht aus 2 großen Räumen und 5 kleineren die nebeneinander angeordnet sind. Betritt man den großen Raum 1, schaut man direkt auf den, durch Filzstapel versperrt wirkenden Durchgang zu Raum 2. Der Besucher kann nun geradeaus weitergehen oder rechts in den kleineren, etwas dunkleren Raum 7 gehen. Man erkennt, dass in diesem Raum Vitrinen stehen. Im Hintergrund der Szene könnte ein Foto den Blick durch Raum 1 auf Raum 2 zeigen.*[19]

**CHOR**
Ich glaube, heute besteht ein großes Mißverständnis bei den Menschen,
als müsste Kunst durch [...]
einen logischen Sinnzusammenhang verstanden werden [...].
Es ist ja doch so, daß Kunst nicht dazu da ist,
den Intellekt zu bedienen,
sondern die Aufgabe [...] (hat)
erstens einmal die menschliche Sinnesorganisation
aufrecht zu erhalten, [...]
darüber hinaus
das kreative Potenzial der Menschen zu erweitern,
auf einen höheren Stand zu bringen. [...]
Kunst geht in den Menschen ein und
der Mensch geht in die Kunst ein.[20]

*TOBIAS, DANIEL und ANNA stehen da, schauen sich um. ANNA hat den Orientierungsplan und die Werkliste (zwei A3 Blätter auf A4 gefaltet) des Museums in der Hand.*

TOBIAS
: Darmstadt? Wir starten in Darmstadt? Ohne Johnny Heimes und 98[21] wüsste ich gar nicht, wo das liegt. Ein paar Fußgängerwegweiser zum Hessischen Landesmuseum wären auch ganz nett gewesen.

DANIEL
: Ich hab vielleicht etwas ungünstig geparkt.

ANNA
: Is' ja gut! Hört auf, wir sind doch da!

DANIEL
: Genau. Wir sind da: Darmstadt! Mehr Beuys kannst du nicht bekommen! Der Beuys'sche Tower of London! Beuys'sche Juwelen: Materialien von Aktionen und Installationen. Karl Ströher, der frühere Besitzer der Wella AG, hat die Werke mehrerer Ausstellungen en bloc gekauft und dem Museum an seinem Wohnort und Firmensitz zur Verfügung gestellt.[22] Aus en-bloc-gekauft wurde so der **Block Beuys** – die Schatzkammer aller Beuys-Fans – von Beuys selbst installiert und betreut.

ANNA
: Dieses Museum hat ihm bestimmt gefallen.[23] So alles in einem Haus: Kunst, Naturkunde, Geschichte. Ein grandioses Museum, der beste Platz für diese Sammlung.

TOBIAS
: Ich geh da 'rum! *wendet sich nach rechts*

ANNA
: Das ist falsch. *zeigt nach vorne* Es geht hier lang.

TOBIAS
: Wer sagt das?

ANNA
: Die Raumnummerierung.

|           | Hier ist Raum 1. Dort ist Raum 7.                                                              |
| TOBIAS    | Ist die Nummerierung von Beuys?[24]                                                            |
| ANNA      | *schaut fragend, bleibt eine Antwort schuldig*                                                 |
| TOBIAS    | Ich geh' da herum, das wirkt geheimnisvoller als dieser leere Raum, wo's hinten nicht weitergeht. |
| DANIEL    | Du weißt aber schon, dass es da weitergeht?                                                    |
| TOBIAS    | Klar! Trotzdem! Ich gehe in die schummrigen Räume, die scheinen geheimnisvoller.               |

*DANIEL und ANNA gehen geradeaus durch die beiden großen Räume, TOBIAS nach rechts zwischen die Vitrinen.*

| TOBIAS | *murmelt, gestikuliert,*<br>*ereifert sich, während er umhergeht*<br>Müll! Sperrmüll! Sondermüll! Schrott!<br>Sperrmüll! Schrott, Müll, Sondermüll!<br>Schrott! Sondermüll! Sperrmüll! Müll! |

*Der Ankauf der Beuys-Kunstwerke durch den Besitzer der Wella AG, Karl Ströher, wurde im Unternehmen zunehmend kritisch beurteilt. Diese Kritik bringen jetzt die Protestler (wenn möglich in Arbeitskleidung unterschiedlicher Abteilungen passend zur Wella AG) hier zum Ausdruck.*

*Protestler stürmen auf die Bühne, zwischen ANNA und DANIEL auf der einen und TOBIAS auf der anderen Seite, sprechen die verschiedenen Formulierungen, durcheinander, gemeinsam. Gehen so schnell ab, wie sie gekommen sind.*

- Schluss mit der Verschwendung unseres guten Geldes für diese hässliche Kunst![25]
- Wella steht für Glanz und Schönheit statt Fett und Filz![26]
- Enteignet Ströher!
- Enterbt Ströher!
- Entmündigt Ströher!
- Mach' was Sinnvolles mit unserm Gewinn!
- Diese Kunst macht den Ruf von Wella kaputt!
- Zerstört diese Kunst, statt unseren Ruf!
- Schluss mit dieser schlechten Werbung!
- Mehr Schönheit, mehr Glanz!
- Kein Geld mehr für Beuys' Kunstwerke!

*Nachdem die Protestler abgegangen sind, treffen sich die Hauptdarsteller hinten auf der Bühne, was den rechten, hinteren Eckraum, Raum 3[27] symbolisiert. Sie bleiben in Bewegung, reden, schauen auf das Faltblatt, schauen sich um, bis TOBIAS scheinbar weiter links etwas auffällt (Doppelaggregat).*

**TOBIAS** Also ich sag' euch: Das da, *Tobias zeig hinter sich* das ist der Weg der Mutigen. Direkt zu den Vitrinen mit all dem Kleinzeug, den vielen Details. Alles ohne Erläuterungen, ohne Angaben zu den Stücken. Das ist echt anstrengend und ich fühl mich ziemlich allein gelassen.

**ANNA** Nimm halt die Werkliste. Da steht drin, wie die Sachen heißen und von wann sie sind.
*gibt TOBIAS das Faltblatt*

| | |
|---|---|
| TOBIAS | Also, wenn ich das richtig verstanden habe, sind das doch alles Sachen aus Aktionen, Ausstellungen oder so. Aber alles ohne Angabe auf den ursprünglichen Kontext. Was für ein Mist! |
| DANIEL | Ich denke, Beuys war der Meinung, dass die Gegenstände auch in einem neuen Kontext wirken. Jeder soll halt seinen, möglichst unbeeinflussten, eigenen Zugang finden. Beuys will deinen offenen Blick. Sonst hätte er erlaubt, dass die Inhalte beschriftet werden, dass es Verweise auf die Aktionen gibt, aus denen die Objekte stammen.[28] Hat er aber nicht erlaubt! Damit wir herausgefordert sind und nicht einfach mit unserem Wissen und oberflächlichem Wiedererkennen hier durchlaufen. |
| TOBIAS | Meint ihr, ich will brillieren? So ein Mist. Ich brauch' Ansatzpunkte! Ich suche einen Einstieg! *entdeckt etwas auf der linken Seite* Da, das gefällt mir! |
| ANNA | Doppelaggregat.[29] |
| TOBIAS | So heißt das? Na ja, mir kommt das vor wie ein Familienschreibtisch! |
| ANNA | Ein was? |
| TOBIAS | Schau, die minimale Vertiefung auf jeder Platte, da passt ein DIN A4 Block rein. Das sind kalte Schreibtische[30] für kaltes, klares Denken. Oder Schreibtische für energiereiches Denken, weil Metall ein guter Leiter ist. Die Aufsätze sind Antennen, Empfänger für die Ideen der anderen, Antennen für was auch immer. |

DANIEL  Aber an den Platten auf dem Boden kann keiner sitzen und schreiben.

TOBIAS  Das ist der Platz für die Kinder. Hast du als Kind nie im Wohnzimmer auf dem Boden gelegen und gemalt?

DANIEL  Glaube nicht.

ANNA  Wir haben das gemacht, klar.

TOBIAS  Metall leitet und verbindet alle. Die Gedanken können fließen. Es entsteht ein Feld, ein Gedankenfeld.

ANNA  Gefällt mir, die Vorstellung. Beuys hatte ja auch Kinder, einen Sohn und eine Tochter. Zwei Kinder, zwei Erwachsene – passt genau.

DANIEL  Ja, Aufbau, Spannung, Transformation von Energie war doch sein Ding.[31]

ANNA  Also, du Mutiger, wie war's in den anderen Räumen, mit den Vitrinen?

*Die Hauptdarsteller bewegen sich Richtung Vitrinen.*

TOBIAS  Krass, kommt mal mit. Hier: Eierschalen, Holzstücke, Stoff, Bienen, Blechkanister. Also echt, so Zeug habe ich das letzte Mal bei meinem Opa gesehen, der hatte auch so Kram in seinen Werkstattschränken.

ANNA  Sieht aus wie der Schrank im anderen Raum.[32]

DANIEL  Da ist ein Unterschied. In den Schränken sind wirklich Fundstücke. In den Vitrinen sind es viel öfter Sachen, die schon mal bei Aktionen oder Installationen verwendet wurden.

TOBIAS     Trotzdem ist das eigentlich wie früher. Kannst du dich noch an die Zigarrenkiste von meinem Opa erinnern? Da waren meine Schätze drin. Weißt du noch, dieser kleine Rattenunterkiefer, das alte Radiergummi, die Panini Bilder von der WM?

DANIEL     Klar! Ich hatte 'ne Keksdose: Dänische Butterkekse. Das meiste, was ich in die Dose rein hab', hat irgendwann nach Butter gerochen. Der Unterschied ist: Joseph Beuys hat schon als Kind seine Schätze ausgestellt.[33] Unsere blieben immer in der Kiste.

ANNA       Meine waren in meinen Puppenhausmöbeln versteckt. Jedes Kind hat eine Schatzkiste! Manche heben sie auf und zeigen sie wieder ihren Kindern. Menschen sammeln! Erinnerungen an geliebte Menschen, an besondere Momente. Sie heben Gegenstände auf, die einen persönlichen Wert, eine persönliche Bedeutung haben.

TOBIAS     Und Beuys schien alles zu sammeln, was er mal angefasst hatte und machte es zu Kunst oder einer Reliquie. Und alle beten sie an, wenn sie hier durchlaufen.

DANIEL     Sind das für dich schon Reliquien?
           Ich dachte immer Museen, Kuratoren, Fans machen Reliquien[34] daraus. Für Beuys waren das nur Anregungen zur Wahrnehmung, Wirkstoffe, die sich im Lauf der Zeit verändern. Letztendlich Energien und Energieträger – aufgeladen durch Aktionen oder seine besondere Sichtweise.

TOBIAS     Sag ich doch. Die Gegenstände haben mehr Bedeutung, als man ihnen ansieht.

ANNA     Das ist doch bei den Sachen aus euren Schatzkisten genauso. Du zeigst mir den Rattenunterkiefer und ich sehe einen Kiefer, kann aber nicht wissen, was du damit verbindest und welche zusätzliche Bedeutung das für dich hat. So ist es hier auch.

TOBIAS     Wie sollen wir das hier angehen? Wie kommen wir der Bedeutung auf die Spur?

DANIEL     Der erste Zugang bei Beuys ist, die Dinge erst mal ganz ursprünglich zu nehmen. Material, Funktion, Anzahl, Anordnung usw., zu schauen, was einem dazu einfällt.

TOBIAS     Dann lass uns das mal an der Vitrine ausprobieren.

DANIEL     Über die Vitrinen sagt man, dass sie wie Bühnenbilder sind, deren Elemente inszeniert und aufeinander bezogen sind.[35]

*Die Hauptdarsteller stehen vor einer Vitrine ähnlich Vitrine 1 aus Raum 5[36]. Ggf. Projektion der Originalvitrine im Hintergrund.*

ANNA     Eierschalen, Brot, Bienen, Fett, Stoff, Wecker, Sprudelflasche, Holz, Schiefer. Fast alles natürliche Materialien. Das hat was Existenzielles. Für Beuys waren Bienen immer wichtig, Staatenbildung, Honigproduzenten, die Energie und Wärme, die von Bienen ausgeht.

TOBIAS     Hier liegen tote Bienen auf einem Brot.

| | |
|---|---|
| DANIEL | Die toten Bienen liegen auf der Unterseite des Brotes. Das andere Brot liegt richtig rum. |
| ANNA | Sind die jetzt tot, weil sie alles gegeben haben für das Brot? Energie, Honig, Wärme. |
| TOBIAS | Warum nicht, die Eierschalen sind auch leer. Das passt zusammen. |
| DANIEL | Der rote Holzblitz zeigt auf die Nahrungsmittel. |
| TOBIAS | Neben dem Holzpfeil liegt das in Tücher eingewickelte Fett. Auch eine Energieform. Fett, auch etwas, das du für Brot benötigst. |
| DANIEL | Das sind wohl nicht nur Tücher, sondern Taschen, da oben sind Schlaufen. |
| ANNA | Also haben wir verschiedene natürliche Energieträger. Eigentlich überlebenswichtige Dinge wie das Brot und das Wasser. Die beiden Wärmebehälter können konservieren oder transportieren. Auch das Fett in den Beuteln ist leicht transportierbare Energie. Für eine Reise? Für eine Expedition? |
| TOBIAS | Warum gleich eine Expedition? Warum nicht Alltag, alltägliches Leben. Die Alubehälter sind vielleicht Essensbehälter in denen Arbeiter früher ihr Essen mitgenommen haben. Mein Opa hatte auch so was, aber die waren kleiner. |
| DANIEL | Lasst uns doch mal auf der Werkliste nachschauen, ob und welche Titel die einzelnen Objekte haben. |
| ANNA | Also, alles stammt aus den Jahren 1950 bis 1967. |

| | |
|---|---|
| TOBIAS | Irre lang her! Dafür sehen die Brote ja noch richtig gut aus! |
| ANNA | Die Aluformen werden als Kuchenformen bezeichnet und heißen mit der Schiefertafel **Gewitter**.[37] Die Sprudelflasche heißt **Neptun**, daneben dieser weiße Klumpen auf weißer Fläche heißt **Schaf im Schnee**. Der Knochen heißt **Radio**.[38] |
| TOBIAS | Ich kotz' gleich. Ich dachte die Werktitel bringen uns weiter. Wie wird jetzt ein Knochen zu einem **Radio**? |
| DANIEL | Vielleicht, weil der Knochen unten ein Loch hat und mit Schnur oder einem dünnen Zweig umwickelt ist. Das könnte eine Antenne symbolisieren. Wie beim Handy. Dort wird die Antenne auch am Gehäuserand um die Elektronik gelegt. Das Loch könnte der Schallausgang sein. Dieses Radio könnte empfangen, was im Menschen los ist und das senden. **Gewitter** ist hohe Energie. Ist der Ausgleichskampf verschiedener Temperaturen und Luftmassen. Vielleicht deshalb zwei Gefäße. |
| TOBIAS | Und zwei Brote. Und zwei Schiefertafeln, unterschiedlich angeordnet. Ein Hinweis auf Dualität? |
| ANNA | Der Holzdübel vom roten Pfeil würde perfekt in das Loch passen. Dann könnte man den Pfeil aufstellen und der Knochen würde zum Fuß. Der Pfeil markiert dann die Senderichtung – nach oben! |
| TOBIAS | Also hat die Vitrine etwas damit zu tun, dass wir Energien von anderen aufnehmen und selbst |

| | |
|---|---|
| | transportieren oder es wichtig ist, Energie transportierbar zu machen. Ist das unsere Essenz? |
| ANNA | Warum nicht? |
| DANIEL | Nach der **plastischen Theorie** geht es Beuys um Umwandlung, um Prozesse: Chaos geht über in Bewegung, geht über in Form.[39] Also könnten wir fragen, in welcher Phase sind die Gegenstände, wie ist ihre Energie:<br>• chaotisch, ungerichtet?<br>• warm, bewegt?<br>• geformt, erstarrt? |
| TOBIAS | Fett, Bienen, Eier ist ungeordnete Energie. Die Eierschalen sind Form, die bleiben zurück. |
| ANNA | Das Brot ist Form. Eier, Honig, Fett verwendet man in Broten. |
| TOBIAS | Der Blitz, die Behälter, die Schiefertafeln alles Form! Wo ist Bewegung? |
| ANNA | Bleiben nur die Knochen und der Fuß. |
| TOBIAS | Hey, du vergisst den Wecker! Ein stärkeres Symbol für Bewegung als die Zeit kannst du nicht finden. Zeit ist Bewegung, ist Veränderung. Und in diesen Vitrinen bleibt ja die Zeit auch nicht stehen, das Zeug hat sich doch auch verändert. |
| DANIEL | Der Wecker steht auf der Höhe der roten Spitze. Dann könnte man das als zwei parallele Prozesse lesen, jeweils von links nach rechts. |
| ANNA | Von links nach rechts geschaut, stehen am Ende die Eierschalen und die Alubehälter. Was ist das |

|           | für ein Ende? Ich glaube, hier geht es wirklich um Ausrüstung, von mir aus eine Ausrüstung für 's Leben, für die tägliche Lebensreise. |
|-----------|---|
| DANIEL    | Vielleicht. Aber die Richtung des Pfeiles nach rechts ist da und das am weitesten links liegende Objekt ist eine Art Schuhleisten aus Bronze, also so etwas wie ein Fuß. |
| ANNA      | Eben! Fuß bedeutet Bewegung! Wer irgendwohin geht, nimmt Proviant mit, Navigationsinstrumente. Oder lässt du vielleicht dein Handy im Zimmer, wenn du an die Uni gehst? |
| DANIEL    | Natürlich nicht. |
| TOBIAS    | *schaut zu den beiden, scheint unzufrieden* <br> Meint ihr das trifft? Entsprechen unsere Überlegungen denen von Beuys? Ich glaub', das muss ich jetzt erst mal noch auf mich wirken lassen. |
| ANNA      | Ich weiß nicht, ob wir das bei den Sachen wirklich wissen können. Solange es keine Aussagen von ihm gibt und die Titel nur wenig neue Ideen bringen. Könnten wir denn darauf kommen, was die Dinge in deiner Zigarrenkiste dir bedeuten? |
| TOBIAS    | Bei manchen Sachen schon. |
| DANIEL    | Leute! Wir haben keine andere Chance als die Dinge so wahrzunehmen, wie es uns möglich ist. Jetzt in diesem Moment, mit unseren Gedanken, Gefühlen und Wissen. Nur wenn wir uns die Freiheit nehmen, ihn neu, ihn auf unsere Weise zu entdecken, bleibt er lebendig. Nur dann wird die Flamme weitergegeben! <br> Das ist wie bei klassischer Musik. Eine Musik mit zeitloser Botschaft, aber jede Generation, jeder |

| | Mensch kann oder muss das neu für sich entdecken. |
|---|---|
| TOBIAS | Aber eine Mozart-Symphonie klingt heute anders als zu seiner Zeit. |
| DANIEL | Mit Sicherheit! Die Aufführungspraxis hat sich verändert, die Instrumente, die Orchesterzusammensetzung, die Menschen sind andere, doch es ist immer noch eine Mozart-Symphonie und die Musik kann dich berühren. Immer noch, immer wieder. Das Werk überlebt den Künstler. Wir nehmen die Energie des Werkes auf und transformieren sie. So lebt auch der Künstler weiter. |

*Die drei bewegen sich langsam weiter bis etwa zum Ausgangspunkt, an dem sie sich zu Beginn der Szene getrennt hatten.*

| ANNA | Eigentlich könnten wir jetzt wieder von vorne beginnen. Mit dem, was wir erfahren, gedacht, gelernt haben, alles nochmals betrachten. Dieser **Block Beuys** ist eine unendliche Spirale. Dieser Weg hat kein Ende. |
|---|---|
| DANIEL | Aber unsere Zeit in Darmstadt. |
| ANNA | Langsam, ich will vorher noch zu den Mineralien, die werden hier so wunderbar präsentiert. |
| TOBIAS | Ich brauch 'ne Pause, ich geh' Kaffee trinken. *zu ANNA* Gib mir mal die Faltblätter. |
| DANIEL | Ok. Dann in einer halben Stunde im EG bei den Tierskeletten. |

*DANIEL geht zurück in den Block Beuys, ANNA und TOBIAS von der Bühne. Während der letzten Sätze beginnt der Chor die Bühne zu fegen und spricht dann.*

**CHOR**
„[…] Ich erkannte, daß Wärme" und Kälte „überräumliche
plastische Prinzipien waren,"
die bei der Ausdehnung
dem Chaos und Amorphen entsprachen,
die bei der Zusammenziehung,
dem Kristallinen und Geformten entsprachen.
„Gleichzeitig erhellte sich mir im exaktesten Sinne das
Wesen der Zeit, der Bewegung, des Raumes. […]"[40]

## 5   Kassel

*Auf der Bühne stehen:*
- *auf einer Seite eine Reihe von Bäumen, neben jedem Baum steht ein unregelmäßiger Stein ähnlich den Basalt-Steinen der Aktion 7000 Eichen in Kassel*[41]
- *auf der anderen Bühnenseite ein Stapel Schlitten, ein Stapel Filzdecken (graue Decken), ein Karton mit Margarinebecher, ein Karton mit Taschenlampen*
- *im Hintergrund (mittig) eine Pumpe, daneben einige Honiggläser/-behälter und Margarinebecher. Schläuche laufen über die Bühne auch in/um die Bäume, Schlitten, stellen eine Verbindung mit den beiden anderen Bereichen dar*

*Bühne dunkel, die drei schleichen sich auf die Bühne Richtung Bäume (durch Spot mit möglichst wenig Licht sichtbar gemacht)*
- *ANNA trägt einen Spaten und eine Gießkanne. In einer umgehängten Tasche klappern drei Flaschen Bier.*
- *TOBIAS schiebt einen Schubkarren auf dem drei längliche Basaltsteine (vergleichbar der Aktion 7000 Eichen) liegen.*
- *DANIEL schiebt einen Schubkarren mit drei Baumsetzlingen darin.*

| | |
|---|---|
| **DANIEL** | Hier, die Stelle find' ich gut. |
| **TOBIAS** | Sicher? |
| **DANIEL** | Ja, das ist genau die Verlängerung der Baumreihe. |
| **TOBIAS** | Also, graben! |
| **ANNA** | Hier! *reicht TOBIAS den Spaten* |
| **DANIEL** | Mach das Loch groß genug. |

Der Stein kommt 30 cm neben den Baumstamm.
Mach am besten zwei Löcher.

*Die drei tun so, als ob sie Bäume einpflanzen. Die Bäume der Hauptpersonen setzen die Reihe der vorhandenen Bäume fort. Nach getaner Arbeit abklatschen, Bier öffnen, zuprosten, mit etwas Bier den eingepflanzten Baum begießen. Während des Dialogs könnten Bilder aus Kassel mit Beuys-Bäumen projiziert werden.*

**ANNA** Nummer 7001 bis 7003!

**DANIEL** Und keiner weiß es, niemand wird es merken!

**TOBIAS** Also sind wir jetzt Teil dieses Kunstwerkes.

**DANIEL** Na ja, nicht offiziell.
Innerhalb von fünf Jahren wurden durch das Beuys-Kunstwerk 7000 Bäume gepflanzt. Das hat die Anzahl Bäume in Kassel verdoppelt.[42] Die Aktion **7000 Eichen** ist ein einmaliges, lebendes Kunstwerk, eine soziale Skulptur, die sich kontinuierlich wandelt und immer mehr in der Stadt aufgeht.

**TOBIAS** Mal was Sinnvolles: Die Stadt wird grüner, die Luft besser und die Menschen fühlen sich wohler.[43]

**ANNA** Und wir sind jetzt ein verborgener Teil davon! Welch' eine geniale Idee von Beuys! Wann hat je Kunst ihre Umgebung, eine Stadt so verändert wie diese Aktion? Niemals, nie wieder.

*ANNA steht nachdenklich da, schaut auf den Baum, trinkt aus ihrer Flasche, die beiden Jungs schauen sie an.*

**TOBIAS** Übertreib' mal nicht.

| | |
|---|---|
| **ANNA** | Depp, du kapierst gar nichts! |
| **DANIEL** | Was ist denn los? *nimmt ANNA in den Arm TOBIAS setzt sich auf einen der Steine, beobachtet die beiden.* |
| **ANNA** | Diese Idee! Diesen Mut zu haben! Mich beeindruckt das.<br>*schnäuzt sich die Nase, wischt sich die Augen*<br>Das war schon beim Referat so und jetzt, wo wir hier stehen, mit unserer Mini-Hommage. So einen Mut zu haben. Ich hätte auch gern so viel Mut. Mut, zu meinen Ideen zu stehen. Wirklich kreativ zu sein, der Kreativität zu vertrauen. Sinne entwickeln für das Intuitive, das Innere, für das Keimende. Mein Leben aus der Kreativität heraus gestalten. |

*ANNA trinkt weiter nachdenklich an ihrem Bier, DANIEL schaut sie an.*

| | |
|---|---|
| **DANIEL** | Das kommt! Bleib dran! Sei geduldig mit dir! Beuys hat jahrelang gezeichnet, gelesen, Werke erstellt. Er war schon um die 40, als er bekannter wurde. Erst nach Depression und Krise erlangte er seine Klarheit und begann „eine systematische Arbeit an gewissen Grundprinzipien"[44]. Ohne diese völlige Ausrichtung hätte er nie ein solch umfangreiches Werk schaffen können. Glaube ich zumindest. Beuys ist ein Universum! Und wir mittendrin – echt schön, dass ihr mitgekommen seid. |
| **ANNA** | Was hat er nicht alles aushalten müssen wegen seiner Kunst. Buh-Rufe, Spott, beleidigende Telefonanrufe bis hin zu Handgreiflichkeiten. |

Da brauchst du ein dickes Fell, um zu deinen Ideen zu stehen.

*Protestler laufen mit Zeitungen, Zeitschriften über die Bühne lesen Schlagzeilen vor.*[45]

- Seltsame Dinge, die da geschehen.
- Staunen und Schrecken im Audimax.
- Kunstprofessor spielt Mumie.
- Maden in moderner Kunst.
- So langweilig wie möglich.
- *(Neues Werk:)* Margarine und Fußnägel.
- Der Heilige Joseph und sein Eurasienstab.
- Professor bellt ins Mikrofon.
- Margarine-Kunstwerk zieht mehr die Fliegen *(als die Menschen)* an.
- Seinem weißen Pferd Zucker geben.
- Der erste Durchfall auf der experimenta.
- Dabeuys sein ist alles.
- Teure saure Heringe.
- Eine makabre Zeremonie im Akademie-Keller.
- Weltruhm für einen Scharlatan.[46]

*Während der folgenden Diskussion können sich die Hauptdarsteller nebenbei um die Bäume kümmern bzw. ihre Materialien wegräumen. Die Unterhaltung mag beiläufig geschehen. TOBIAS sitzt noch auf dem Stein.*

| | |
|---|---|
| TOBIAS | Und was ist jetzt der Unterschied zwischen diesem Kunstwerk und einer normalen Aufforstung? Ich wette, in 50 Jahren wundern sich die Leute nur noch, warum es in der Stadt so viele Bäume mit einem Stein daneben gibt. |
| DANIEL | Dann wird man es ihnen erklären: Aber so weit wird es nicht kommen. Denn das Kunstwerk wird auch in den Köpfen weiterleben. Das ist der **Parallelprozess**: Geistiges und Physisches in Austausch und Wechselwirkung. Und der Unterschied ist, worauf du sitzt – der Basalt. |
| ANNA | Erstarrte Lava, erinner' dich an die Phasen der **plastischen Theorie**: <br> Chaos – Bewegung – Form! <br> Ein Stein, der sich nur wenig verändert, während die Bäume wachsen und sich dadurch die Proportionen immer weiter verschieben. <br> Die beiden Pole kalt und warm – Stein und Baum, verändern sich ständig, aber unterschiedlich in der Zeit. Beuys nannte das **Wärmezeitmaschinen**.[47] |
| TOBIAS | Aber auf lange Sicht kann der Basalt auch verwittern. |
| DANIEL | Ja und dann wird er der Dünger des Baumes. Also noch eine weitere Komponente der Zeit.[48] |
| ANNA | Das war einfach eine grandiose Idee! Raus aus dem Museum, rein in die Stadt mit allen Konflikten und Diskussionen. Allein die Anlieferung der Basaltsteine waren 80 LKW-Lieferungen in drei Monaten![49] |

| | |
|---|---|
| TOBIAS | Mit scheinbar gutem Ende. |
| DANIEL | Das war ihm ja wichtig, rauszugehen, ein neues Level zu schaffen, mit seinem fünften documenta-Beitrag. Das sollte zeigen, was eine **soziale Plastik** sein kann. Wie es funktioniert. |
| ANNA | Gestaltung von Leben und Lebensraum. |
| TOBIAS | Das heißt, die **soziale Plastik** ist die Gesellschaft, die wir gestalten und wie wir sie gestalten? |
| DANIEL | So würde ich das auch sehen. |
| ANNA | *nickt zustimmend* Ich find' die Definition gut. Eine gemeinsame, bewusste Gestaltung von Gesellschaft, Wirtschaft und Zusammenleben. Das vermisse ich so. Immer geht es nur um Optimierung, Gewinnmaximierung, Ausbeutung an allen Ecken. Überall Digitalisierung – wo ist die Diskussion, was sinnvoll ist? Was zum Leben, zu dieser Schöpfung passt? Einfach dem technisch Machbaren hinterherhecheln, das ist keine Gestaltung und bewusst schon gar nicht. Wisst ihr, deshalb gefällt mir diese Vorstellung von **Sozialer Plastik** so. Beuys hat mal gesagt, dass diese „soziale Wärmeskulptur"[50] auch mit Brüderlichkeit zu tun hat, weil doch jeder für andere arbeitet, keiner kann nur für sich arbeiten. Alle sind aufeinander angewiesen. Aber das vergessen die Leute. Vertrauen, Zusammenarbeit ohne die geht nichts. Das steckt in der **sozialen Plastik**, das möchte ich mit Leben füllen. Das ist meine Sehnsucht. Deswegen bin ich mitgekommen, weil ich herausfinden wollte, ob ihr ähnlich denkt und fühlt? |

DANIEL  Und haben wir bestanden?

ANNA  *grinst* Abwarten, sieht aber nicht schlecht aus.

TOBIAS  Einfach war seine **Stadtverwaldung** aber bestimmt nicht. Das hat doch 'ne ganze Menge Geld und Zeit gekostet.

DANIEL  Ich glaube, Beuys hat das vor allem viel Energie gekostet, wenn nicht sogar ausgelaugt: Der Widerstand, die Probleme bei der Finanzierung. Man schätzt, dass durch seine Aktionen und die Hilfe anderer Künstler das Geld für etwa 4000 Bäume[51] hereinkam. Von den Kassler Bürgern kamen weniger Spenden als erwartet. Dafür mehr Protest. Aber dann auch ideelle und tatkräftige Unterstützung. Doch die meisten Baumpaten im Ausland – unglaubliche 1000 – kamen aus Japan![52]

TOBIAS  Ich sag ja: die **Whisky-Werbung** hat's gebracht!

ANNA  Spektakulärer war aber die **Einschmelzung der Zarenkrone Iwans des Schrecklichen**[53] zu Beginn der Aktion. Oben auf den Basaltsteinen wurde die Krone von Beuys umgeschmolzen.

TOBIAS  Das war ja wohl keine echte Krone?

DANIEL  Aber eine sehr gute Replik. Hergestellt von einem Düsseldorfer Juwelier in 1500 Arbeitsstunden und immerhin aus Gold und Edelsteinen.

ANNA  Die gehörte einem Gastronomen und besondere Gäste durften Krimsekt aus der Krone trinken.[54] Echt dekadent.

TOBIAS  Da wär' ich dabei!

| | |
|---|---|
| **ANNA** | Das glaub' ich. Die Sauferei hat die Leute nicht gestört, aber als die Krone eingeschmolzen werden sollte, gab's natürlich wieder Proteste. |
| **DANIEL** | Ich wüsste zu gern, wie Beuys es geschafft hat, dem Mann die Krone abzukaufen?[55] |
| **TOBIAS** | Was wurde aus der Krone? |
| **DANIEL** | Der **Friedenshase**[56] und eine kleine **Sonne**. Zusammen mit den Edelsteinen wurde das Ensemble an einen Sammler für 777 000 DM verkauft und steht heute in der Staatsgalerie Stuttgart. |
| **TOBIAS** | Ein starkes Zeichen – aus einer Krone einen Hasen und eine Sonne zu machen. |
| **ANNA** | Lasst uns noch zum **Rudel**[57] gehen, das fand ich immer so toll. |

*Bei dem Stichwort Rudel erscheint der Chor. Die Hauptdarsteller gehen zu den Schlitten und platzieren die Materialien analog zur Beuys'schen Installation, wobei die Margarine in den Bechern bleiben kann bzw. die Becher sowieso leer (oder mit etwas anderem gefüllt) sein könnten. Der Chor stellt die Schlitten zum Rudel.*

**CHOR**
Halte durch! Halte durch! Hilfe kommt!
Wir sind
- der Katastrophenschutz,
- das Rote Kreuz,
- der Rote Halbmond,
- das THW.

Wir kommen, um zu helfen, überall, jederzeit,
Jedermann und Jederfrau und Jederkind.

Wir sind die Hilfstruppe
mit Licht – Nahrung – Wärme – überall, jederzeit
die Hilfstruppe
Nahrung – Wärme - Licht
Auch Fortbewegung vergessen wir nicht!
Wir sind die Hilfstruppe,
Wir sind: DAS RUDEL!

**ANNA** Mich hat das immer beeindruckt diese vielen Schlitten, die aus dem alten VW Bus quellen. Das hat was Dynamisches, Zupackendes. Mit jedem Schlitten kommt Licht, Wärme, Nahrung. Die Schlitten bringen das Wesentliche.

**TOBIAS** Die Schlitten sollen also zeigen was wichtig, überlebenswichtig ist? Keine schlechte Idee, das könnte man sich mal wieder bewusst machen.

**DANIEL** Zurückgeworfen auf das Überlebenswichtige. Deshalb sehen manche einen Widerspruch zwischen der modernen Technik, dem VW-Bus, die versagt und dem antiquierten Schlitten, der immer funktioniert![58]

**TOBIAS** Aber warum soll der VW-Bus nicht mehr funktionieren? VW-Busse sind zäh und langlebig.

**ANNA** Diese Kombination hat schon was.

**TOBIAS** Aber keinen Widerspruch. Es ist doch beides. Erstanlieferung mit modernem Transportmittel, Verteilung klassisch, weil man mit moderner Technik im Katastrophenfall nicht jeden Notleidenden erreicht.[59] Das gefällt mir.

*Die Pumpe im Hintergrund beginnt zu laufen. Das Licht geht auf diesen Bereich der Bühne.*

| | |
|---|---|
| ANNA | Was ist das für ein Geräusch? |
| DANIEL | Die Honigpumpe ist angesprungen. |
| TOBIAS | Wozu jetzt Honig? Auf den Schlitten ist schon Fett. Und ich kann mir den Honig selbst aufs Brot schmieren, da brauch' ich keine Pumpe. |
| DANIEL | Na ja, in echt gibt es die auch nicht mehr.[60] Die **Honigpumpe am Arbeitsplatz**[61] war Beuys Beitrag zur documenta 7. Da ging es dann auch nicht um ein Hilfsmittel für deine Frühstücksbrote. |
| TOBIAS | *lacht* Das ist mir auch klar. |
| DANIEL | Die Installation war ein Symbol für die Dreigliederung. Dreigliederung ist für Steiner und Beuys ein universelles Prinzip. Bei Pflanzen sind das Wurzel, Stängel mit Blättern, Blüte und Frucht. Beim Menschen sind das Denken, Fühlen und Wollen.[62] |
| TOBIAS | Und was entsprach den drei Teilen bei der Installation? |
| ANNA | Unten die Pumpe, oben das Kopfstück des Schlauches mit 180 Grad Biegung, dann der Seminarraum der Free International University. |
| DANIEL | Was bedeutet, der Honigschlauch führte vom Fußbereich des Willens unters Dach des Gebäudes, zum Kopfbereich des Denkens, dann über den Seminarraum der FIU, dem Herzbereich des Empfindens, zurück zur Pumpe. Der Honig, als Energieträger, verbindet die drei Seinsbereiche des menschlichen Organismus.[63] |
| ANNA | Ja, wie ein Blutkreislauf. |

| | |
|---|---|
| | Aber der Honig ist ein besonderes Wärmesymbol, da er das Produkt einer gemeinsamen Arbeit ist. |
| TOBIAS | Darum der Hinweis auf den Arbeitsplatz? |
| DANIEL | Auch. Es soll auch zeigen, dass ein gewisser Wärmegehalt im Denken nötig ist, um gemeinsame Ergebnisse zu erzielen. Oder anders 'rum, dass durch die gemeinsame Arbeit an der sozialen Plastik eine geistige Wärmesubstanz erzeugt wird.[64] |
| ANNA | Deshalb ist für diese Installation auch der Seminarraum so wichtig. Der Seminarraum als Arbeitsplatz. Auf Fotos sieht man immer nur die Elemente der Installation: Pumpen, Schläuche, Fett. Der Seminarraum bleibt unsichtbar und wird meist vergessen. Hab' ich mal gelernt. |
| DANIEL | Jede Woche wurde ein anderes Thema diskutiert.[65] Der Honigkreislauf verbindet den menschlichen und gesellschaftlichen Organismus.[66] Die Diskussionen knüpften an die documenta 6, der **100-Tage-Gesprächs-Plastik**[67] an, als er Diskussion zu Kunst erklärt hat und 100 Tage mit Leuten diskutierte. |
| TOBIAS | Rumsitzen und diskutieren, das ist ja mal Kunst. |
| ANNA | Ja, Kunst. Kunst beginnt im Denken und äußert sich im Sprechen. „Sprechen ist Skulptur."[68] Die **soziale Plastik** beginnt mit Begriffen, mit der Klärung von Begriffen[69]. Freiheit, Selbstbestimmung, direkte Demokratie, die Veränderung der Gesellschaft und die Beteiligung des Menschen an dieser Veränderung. Lauter so Themen. |

TOBIAS  Könnte die **Honigpumpe** nicht auch ein Symbol für eine neue Art von Maschinen sein? Wenn diese Maschine den ganzen Menschen und die Gesellschaft umfasst?

DANIEL  Treffer! Für Beuys war das Fett, in dem die Welle der Honigpumpe lief, das Symbol für eine andere Qualität von Maschinen: Maschinen, die eine Verbindung zum Menschen haben, vermenschlichte Maschinen, organische Maschinen, moralische Maschinen. Abhängig nicht nur von einem anderen Denken, sondern der zukünftigen weiteren Entwicklung des Planeten.[70]

ANNA  So wie unsere Maschinen sind, ist unser Denken. Schau dir einen Holzvollernter im Wald an. Der braucht nicht mal eine Minute, um einen hundert Jahre alten Baum in handliche Stämmchen zu zerlegen. Ein purer Ausdruck von Kraft, Gewalt, Zerstörung. Ein anderes Denken sollte andere Technologien und andere Maschinen ergeben. Bestimmt wollte Beuys auch eine neue Qualität von Maschinen zeigen?[71]

TOBIAS  Eigentlich irre, was Beuys für Gedanken hatte. Von wann ist das?

DANIEL  1978.

TOBIAS  Du könntest doch richtigliegen: Beuys ist immer noch interessant.

ANNA  Einfach unfassbar, wie weit voraus Joseph Beuys in seinem Denken war und kaum einer weiß das noch oder bekommt es heute mit! Die ganze Auseinandersetzung mit seiner Person und Werk ist ein einziger Blick in einen riesengroßen

|  | Rückspiegel. |
|---|---|
| **DANIEL** | Beuys war einer der wenigen Künstler, die den Mut zu einer umfassenden[72] Utopie hatten. Einer Utopie, die brauchbar und aktuell ist, die man weiterdenken, die man anpacken könnte. |
| **TOBIAS** | Leute, nicht jammern, wir sind doch unterwegs. Wir haben uns doch auf den Weg gemacht. Und ich hätte da auch noch eine Idee, wo wir hinfahren sollten. |
| **DANIEL** | Ich würde gern dem **Friedenshasen**[73] folgen und erst mal nach Stuttgart fahren. |

*Hauptdarsteller gehen ab.*
*Protestler tauchen schreiend und schimpfend aus allen Richtungen auf. Rennen schreiend, schimpfend Richtung Bäume.*
*Während der Schimpftirade werden die Bäume umgeworfen, herausgerissen, die Kronen abgeknickt.*[74]

- Kein Licht mehr in der Küche!
- Keine Parkplätze mehr für Kunden!
- Immer diese Scheißblätter auf dem Bürgersteig!
- Und wer macht das Laub weg?
- Die Straße ist jetzt viel zu eng!
- Was ist, wenn mir ein Ast aufs Dach fällt? Wer zahlt mir den Schaden?
- Ständig scheißen die Hunde jetzt hier her!
- Letzten Winter habe ich mir wegen der nassen Blätter den Arm gebrochen!

- Drei Auffahrunfälle in fünf Jahren, weil keiner an die längeren Bremswege auf dem nassen Laub denkt.
- Schon um drei muss ich das Licht im Wohnzimmer anmachen. Und wer zahlt mir die Stromrechnung?
- Ständig wechseln Schatten und blendende Sonne. Die Straße fahr' ich nicht mehr.
- Jetzt wurde auch noch die Bushaltestelle wegen der Bäume verlegt, wo ich doch nicht gut zu Fuß bin.
- Sechs Monate war hier alles aufgegraben, weil die Baumwurzeln das Abwasserrohr beschädigt hatten.
- Welcher Idiot kam auf die Idee Ginkgos[75] mit diesen stinkenden Früchten zu pflanzen? So eine Sauerei!

*Wenn die Schimpftirade abebbt, die Bäume zerstört sind, kommt der Chor und fegt die Bühne, räumt die Bäume weg. Dabei wird dieser Text vorgetragen ggf. wiederholt.*

## CHOR
„Die Bäume sind nicht wichtig,
um dieses Leben auf der Erde aufrecht zu erhalten,
nein, die Bäume sind wichtig, um die menschliche Seele zu retten."[76]
„Das einzig Vernünftige, was in diesem Jahrhundert passierte,
war Bäume pflanzen
und Löcher in Steine bohren.
Damit wollen wir auch nicht mehr aufhören."[77]

# 6    Stuttgart

*Der Chor kommt mit verschiedenen Kronen in der Hand auf die Bühne und wirft diese in einen scheinbar heißen Ziegelsteinofen, spricht den Text.*

**CHOR**
„In der Kunst sollten nur geheimnisvolle Bilder geschaffen werden,
so daß alle zentralen Punkte des Menschen berührt werden:
der Intellekt [...] die Sinne, die Sensibilität [...]."[78]
„Man muß den Leuten nämlich nicht immer nur erzählen, was sie sofort verstehen können, das schätzen sie gar nicht.
Man muß ihnen etwas erzählen,
das sie nicht verstehen – was sie aber gern verstehen möchten.
Das ist der Grundsatz."[79]

*Danach holen alle Hasen (ähnlich dem **Friedenshasen** = Schokoladen- oder Biskuithasen) aus dem Ofen. Chor geht ab. Ofen wegräumen. Die Hauptdarsteller kommen, wenn möglich, von vorne auf die Bühne, bewegen sich nach hinten, gehen scheinbar im Stuttgarter Beuys-Raum umher.
Die Darsteller würden den Raum so betreten, dass sie direkt auf **Elastischer Fuss Plastischer Fuss**[80] an der gegenüberliegenden Wandseite zugehen. Rechts davon, die ganze Seite und die Hälfte des Raumes einnehmend die Installation **dernier espace avec introspecteur (Letzter Raum)**. An der linken Wand zwei Vitrinen, links hinten in der Ecke der **Friedenshase** mit **Sonne und Edelsteinen**. Im Lauf der ersten Sätze gehen die Hauptdarsteller immer weiter nach hinten Richtung Hase und wenden sich später dann nach rechts zum **Letzten Raum**.*

*Eventuell kann man die Installation mit ein paar Requisiten (Rückspiegel, Stangen, Bauschutt, Wachsblöcke) andeuten.*[81]

TOBIAS   Wo ist er denn, euer Hase?

ANNA   Da hinten in der Ecke ist sein Nest hinter Panzerglas.

TOBIAS   Nest?

ANNA   Na ja, sieht ein bisschen so aus, er ist halt umgeben von den Edelsteinen, der Goldkugel und dem Kreuz, das auf der Krone war.

TOBIAS   Süß, sieht aus wie ein Biskuit-Osterhase.

ANNA   War ja auch eine ähnliche Form.

DANIEL   Du musst dir vorstellen: Auf den Basaltsteinen vor dem Museum in Kassel wurde ein Podest aufgebaut und darauf wurde am 30. Juni 1982 die Zarenkrone eingeschmolzen. Der Termin war ja angekündigt und alle waren da: Protestler, Fans, Neugierige.

ANNA   Das Einschmelzen der Zarenkrone ist ja an Symbolhaftigkeit nicht zu überbieten.

TOBIAS   Interessant, dass das Kronenkreuz nicht mit eingeschmolzen wurde.

DANIEL   Vielleicht, weil Beuys zum Kreuzsymbol eine besondere Beziehung hatte?

ANNA   Wichtig ist: Aus dem Machtsymbol Zarenkrone wurde ein Friedenssymbol! Dazu die Goldkugel als Sonne, auch ein klares mit dem Herzen verbundenes Zeichen. Beim Einschmelzen hat Beuys dann noch die Namen verschiedener

|  |  |
|---|---|
|  | Alchimisten gerufen. Das muss schon beeindruckend, besonders, vielleicht magisch gewesen sein. |
| DANIEL | Aber der Hase war auch wichtig zur Finanzierung der Bäume in Kassel. Die 777 000 DM – das gab ein paar Bäume![82] |
| TOBIAS | Und warum ist der Hase hier und nicht in Kassel? |
| DANIEL | Keine Ahnung, Zufall? Entscheidung der Eigentümer? Wie auch immer. Das Spannende ist, dass Beuys einfach mit den in Stuttgart vorhandenen, eigenen Werken den Raum gestaltet hat. Am Ende entsteht wieder etwas Einmaliges aus der Kombination der Werke. Schau dich um. |
| TOBIAS | *wirkt nachdenklich, dreht sich ruckartig um 180 Grad in Richtung des „dernier espace"* Und das ist die andere Welt. |
| DANIEL | Ja, das ist der **Letzte Raum** oder wie es korrekt heißt: „dernier espace avec introspecteur"[83]. |
| ANNA | Aber so genau darfst du den Titel nicht nehmen. Denn das ist nicht die letzte Rauminstallation, die Beuys gestaltet hat. Der **Schmerzraum**[84] oder **Palazzo Regale**[85] kamen danach. Das sind dann wohl die allerletzten Räume. Merkwürdig. *an DANIEL gerichtet* Und Schlaumeier, was sagst du dazu? |
| TOBIAS | Und ich hatte mich schon auf einen Titel gefreut, den man wörtlich nehmen kann. |
| DANIEL | Andere, neue Kunstwerke wollte Beuys machen. **7000 Eichen** sollte der Anfang sein, Hamburg |

die Steigerung. Er wollte mit seinen Kunstwerken raus aus dem Museum, hin zu „den Fragen der Natur und den Fragen der Menschen an ihren Arbeitsplätzen".[86] Oder anders gesagt: Von den Diagnosen der Installationen, hin zu Erneuerung und Heilung. So hat er das gesagt. Bestimmt gab es später gute Gründe, doch noch die eine oder andere Installation zu machen.

ANNA  Interessant ist es trotzdem, dass sich hier der **Letzte Raum** und der **Friedenshase**, der ja Teil eines nicht musealen Kunstwerkes ist, begegnen. Beuys'sche Vergangenheit und Zukunft in einem Raum.

TOBIAS  Nachdem wir das mit dem **Letzten Raum** geklärt haben, was ist mit dem introspecteur?

DANIEL  Introspecteur soll ein Wortspiel aus rétroviseur, dem Rückspiegel, der da auf dem Stativ befestigt ist, und introspection, „dem philosophischen Begriff für Innenschau" sein.[87]

ANNA  Das passt doch, da schaut ein Künstler in seinem Innern auf seine Werke zurück.

TOBIAS  Deshalb ist das auch so unfertig hier. Das sieht doch aus, als ob der gerade zum Kaffee trinken ist. Die Keile stehen noch auf den Formen, das erkaltete Wachs in den früheren Einfülltrichtern wurde noch nicht abgeschnitten, überall liegt noch Gips vom Öffnen der Formen rum.

ANNA  So gesehen stimmt dann auch der Titel. Die Arbeit an diesem Raum wurde unterbrochen, um zu reflektieren. Deshalb ist es der letzte Raum vor der Innenschau, vor der Prüfung.

| DANIEL | Na ja, introspecteur könnte sich auch auf inspecteur, den Aufseher, den Kontrolleur beziehen.[88] |
| --- | --- |
| TOBIAS | Wer soll hier was kontrollieren? |
| ANNA | Was ist mit dem Fettstuhl, den Filzrollen, dem Rückspiegel? |
| TOBIAS | Der Rückspiegel ist doch das Zeichen, dass einer zurückschaut. Der Rückspiegel spiegelt die Installation. |
| ANNA | Demnach müssten wir uns das Werk aus der Ecke, dem Spiegel gegenüber anschauen. |

*Die drei begeben sich in eine Ecke der Bühne analog zur Raumgestaltung im Museum. Kurz bevor die Hauptdarsteller in der Ecke ankommen, eilen aus zwei Richtungen zwei Protestler als Museumsaufseher herbei.*

| A | Stopp! |
| --- | --- |
| B | Halt! |
| A | Raus dahinten! |
| B | Bitte bleiben Sie im Raum vor dem Werk! |

*Die drei drehen um, orientieren sich wieder zur Mitte der Bühne.*

| TOBIAS | *murmelt* Eieiei, is' ja schon gut. |
| --- | --- |
| ANNA | *leise zu den anderen* Na, die sind aber pingelig! Da passiert doch nichts, wenn wir da hinten stehen. |

DANIEL  Hat Beuys das bewusst so installiert, dass man nicht in Richtung Spiegel schauen kann? Das kann doch nicht sein?

TOBIAS  Wenn wir Richtung Rückspiegel schauen, dann würden wir und die Installation im Spiegel abgebildet. Das ist die Position zum Reflektieren.

DANIEL  Sollte eigentlich so sein.

TOBIAS  Aber ist euch aufgefallen, dass der Spiegel leer ist? Da ist kein Glas drin.[89]

ANNA  Dann können wir uns nicht reflektieren. Der Spiegel verspricht etwas, das er, bei genauem Betrachten, nicht hält. Du brauchst nicht zu reflektieren. Das war's, ein letztes Mal Wachs, Fett, erstarrte Formen. Ein letzter Blick in die Werkstatt, ein letzter Blick auf Transformationsprozesse. Das war's dann.

TOBIAS  Und für den Künstler ist es endgültig. Er geht, bevor er aufgeräumt hat. Er geht, bevor er fertig ist. Er geht, um etwas anderes zu machen. Deshalb der **Letzte Raum**.

DANIEL  Eigentlich ein trauriges Bild. Und wenn er doch noch mal käme? Was macht der Künstler dann?

TOBIAS  Aufräumen, den Spiegel reparieren. Aber er wird nicht wiederkommen!

ANNA  Wer weiß? Aber mir gefällt die Vorstellung des Unfertigen, des pausemachenden Künstlers. Da könnten wir jetzt doch auch Pause machen, einen Kaffee trinken gehen, oder?

*Chor kommt, fegt, räumt etwas auf.*

## 7   Hamburg

*Die Bühne sandig, wie ein Strand. Im Hintergrund evtl. ein Foto vom Spülfeld Altenwerder.*[90]

**CHOR**
Willkommen!
- Zum Abgesang der Dekorationskunst,
- zur Morgenröte „des ökologischen Gesamtkunstwerkes",
- zum Wirken des erweiterten Kunstbegriffs.

Willkommen!
- Im Kulturmodell der Zukunft, der „ökologischen Gesamtgestaltung des Gesellschaftsorganismus"[91],
- in der realisierten Utopie,
- in der Stadt, die ein Zeichen gesetzt hat.

Willkommen!
- Im **Gesamtkunstwerk Freie und Hansestadt Hamburg!**

*Sofort nach Ende des Chores: mehrfache Knall-, Explosionsgeräusche.*

| | |
|---|---|
| **ANNA** | *erschrocken* Was war das? |
| **DANIEL** | Das waren die zerplatzten Träume der ganzen nicht verwirklichten Ideen.<br>Hamburg, ja beinahe hätte es hier auch etwas zu sehen gegeben. |
| **ANNA** | Das **Gesamtkunstwerk Freie und Hansestadt Hamburg?** |
| **DANIEL** | Ja, abgelehnt per Veto des Bürgermeisters. |

| | |
|---|---|
| | Hamburg, eine Stadt, die Angst vor der eigenen Courage hatte und sich von der Presse kirre machen ließ. |
| TOBIAS | Hier hätten wir jetzt wirklich nicht herkommen müssen, im Andenken an ein nicht realisiertes Projekt. |
| DANIEL | Doch wenigstens kurz. Hamburg wäre die Steigerung von Kassel gewesen. Ein Kunstprojekt als Keimzelle der ökologischen Gesamtgestaltung der Stadt, als gesellschaftliches Forschungs- und Innovationslabor der **Freien Internationalen Universität**, organisiert als Stiftung, offen für alle. |
| TOBIAS | Jetzt krieg dich mal wieder ein. Große Ideen können groß scheitern. |
| ANNA | Das war nicht zu groß gedacht, das war gut durchdacht. Beuys kam ja sogar auf Einladung der Stadt. Im Rahmen eines Projektes sollten sich Künstler mit „ökologisch oder städtebaulich problematischen Plätzen oder Strukturen auseinandersetzen."[92] |
| DANIEL | Und Beuys hat bei den schlimmsten Flächen gleich „Hier!" gerufen. Beuys hatte die großen weißen Flecken im Stadtplan gesehen. Als ihm gesagt wurde, dass das totes Gelände sei, nämlich mit Schwermetallen belastete Elbsandaufschüttungen, die Spülfelder, fand er das genau das Richtige![93] |
| TOBIAS | Das heißt, eigentlich sollte auch in Hamburg Heilung stattfinden, eine Wunde versorgt werden? |

| | |
|---|---|
| DANIEL | Ja, so hat Beuys das gesehen. Eine Wunde heilen, die Industrie und Hafen der Natur und den Menschen geschlagen haben. |
| ANNA | Das war alles gut ausgearbeitet. Von einem Kunstwerk ausgehen, ökologische Maßnahmen treffen, eine Stiftung gründen, um alle Kräfte zu bündeln und damit die ökologische Erneuerung der ganzen Stadt voranzubringen. Beuys hätte sogar sein Honorar in die Stiftung eingebracht. Das Spülfeld Altenwerder sollte bepflanzt werden, um die Schwermetalle zurückzuhalten und das Grundwasser zu schützen. Das Saatgut war bestellt, erste Versuche gemacht, dann kam das Veto des Bürgermeisters. |
| TOBIAS | Hat die Stadt der Mut verlassen? |
| DANIEL | Ich glaube, die Stadt wollte keinen Spiegel vorgehalten bekommen, wollte nicht ständig an ihre Umweltsünden erinnert werden, nicht ständig darauf gestoßen werden. Immerhin reden wir von den frühen 80er Jahren.<br>*grinst, lacht* Da war'n wir noch nicht mal geboren. |
| ANNA | Was hätte man alles für Erfahrungen machen und Erkenntnisse sammeln können, mit so einem Projekt. Fünfunddreißig Jahre lang – versäumt, verpasst, verpennt, einfach verpennt![94]<br>Kommt, Tobias hat recht. Das bringt doch nichts hier. Lasst uns dahin fahren, wo's erfreulicher ist. |

*Darsteller gehen ab, Chor fegt und spricht.*
*Im Hintergrund ggf. Bilder, Videos von Stürmen, Hochwasser, Starkregen, Trockenheit in Deutschland.*

**CHOR**
„Die Natur beherrschen zu wollen
war zweifellos eine Anmaßung, die die Natur zerstört hat.
Was nicht heißt, daß sie nicht auf ganz ungeahnte Art
zurückschlagen könnte.
Das werden wir in Zukunft noch erleben.
Die Naturkräfte werden hervorbrechen,
weil sie sich so vom Menschen nicht angehen, ausbeuten,
quälen, krank machen lassen.
Ein Zeitpunkt wird kommen,
wo die Natur allmählich, [...] ihre eigene Intelligenz als
Natur entwickelt
und der Mensch das erkennt, erkennt, dass er darauf
reagieren muß,
also in eine Zwiesprache mit dieser Intelligenz eintreten
muß. [...]
Vermutlich handelt es sich um eine Intelligenz,
die auch im Menschen noch nicht ganz verschüttet ist
und die im Zuge eines solchen Dialogs mit der Natur
zu einer neuen ungeahnten Intelligenz wiedererwachen
kann."[95]

# 8   100. Satz der Sibirischen Symphonie[96]
## Geschenk für Joseph Beuys

### 8.1 Vorbemerkung

*Der Begriff „Symphonie", den man in diesem Zusammenhang bestimmt in seiner direkten Bedeutung als „eine reiche Gesamtheit [...] worin verschiedenartige Einzelheiten eindrucksvoll zusammenwirken"[97] verstehen kann, wird von Joseph Beuys vor allem im Zusammenhang mit Aktionen immer wieder verwendet:*

- *Sibirische Symphonie 1. Satz, Düsseldorf 1963*
- *Eurasia Sibirische Symphonie 32. Satz, Berlin 1966*
- *Eurasia Sibirische Symphonie 34. Satz, Kopenhagen 1966*
- *Celtic (Kinloch Rannoch) Schottische Symphonie, Edinburgh 1970*

*Zum Begriff „Sibirien" schreibt Gerd Mörsch: „Sibirien ist hier Inbegriff jener intuitiven, nicht materiell ausgeprägten Qualitäten, die des Ostens, der Weite und der Ursprünglichkeit. Das Land der Schamanen, welche für Beuys, einem Künstler des 20. Jahrhunderts, die Urbilder und zugleich auch Vorbilder des heilenden Künstlers waren. Die Reaktivierung dieser Kräfte wurde zum Hauptthema der Aktion, zur Botschaft der permanenten Aktion **Sibirische Symphonie**."[98]*

*An diese Aktionen, an den Kreislauf von „Geburt, Tod, Wiedergeburt"[99], an den Gedanken der Heilung soll hier angeknüpft werden.*

*Dieser 100. Satz der Sibirischen Symphonie ist eine Hommage an Joseph Beuys zu seinem 100. Geburtstag.*

*Wie die Aktionen von Joseph Beuys besteht auch dieser 100. Satz aus 3 Elementen:*

- *Text*
- *Musik*
- *Bewegung*

*Die Texte sind auf den folgenden Seiten aufgeführt.*
*Die Musikstücke könnten/sollten als Medienpaket zum Theaterstück für Aufführungen zur Verfügung gestellt werden. Bewegung und Bewegungsabläufe des Chores sind zu entwickeln. Bewegungen und Gesten sollten sich an den Aktionen, an den rituellen, symbolischen Handlungen von Joseph Beuys orientieren. Dabei unterstützt der Autor gern. Einige Hinweise zum „Gestischen Material" von Joseph Beuys finden sich bei T. Vischer.*[100] *Weitere Hinweise liefern die Beschreibungen der Aktionen durch U. M. Schneede.*[101]

*Mein 100. Satz der Sibirischen Symphonie ist mit durchgehender Musik ca. 20 Minuten lang. Die Hauptdarsteller sind nicht Teil des 100. Satzes.*

## 8.2 Ablauf

*Die Bühne ist leer bzw. frei geräumt bis auf einen Tisch in der Mitte.*

| **Musik** | **Zeit** | **Akteure** |
|---|---|---|
| Musik 1 | 2:49 | Chor baut am/um den Tisch schweigend und konzentriert Requisiten auf – orientiert an **Palazzo Regale**[102]. Chor hält zwei- bis dreimal inne und spricht den Text. |
| Musik 2 | 6:41 | Protestler in Trauerkleidung lesen die Nachrufe vor. |
| Musik 3 | 0:18 | Fanfare |
| Musik 4 | 5:30 | Chor, teils vortragend, teils in Bewegung |
| Musik 5 | ca. 4:00 | Der eigentliche Musikausschnitt ist ca. eine Minute lang. Er wird mehrfach wiederholt. Nach ein bis zwei Minuten: Vorhang, Licht an, Pause. Die Musik sollte spielen, bis nahezu alle Zuschauer den Saal verlassen haben. |

## 8.3 Text zu Musik 1

*Text zu sprechen während die Gegenstände auf/zum Tisch gelegt werden:*

**Chor**
„Jeder Mensch besitzt den kostbarsten Palast der Welt in seinem Kopf, in seinem Gefühl, in seinem Willen."[103]
Diesen Palast gilt es zu erobern und würdig zu bewohnen.[104]

## 8.4 Texte zu Musik 2: Die Nachrufe

**Lucio Amelio**[105]          ca. 1:10 min
„Ich denke jetzt an die letzten Weihnachtstage, die wir gemeinsam verbrachten, als Joseph mit bedächtiger Sorgfalt seine Objekte in den Vitrinen von ‚Palazzo Regale' arrangierte. Vielleicht wusste er schon, daß er sein Tedeum schrieb. Er blieb dort den ganzen Tag, unbekümmert um den Tod, der ihn erwartete. Mir bleibt die Erinnerung an sein ergriffenes Gesicht während der Christmette in der Kirche von Amalfi. Er hatte den Hut abgenommen und plötzlich schien er mir uralt. Er, der Ungläubige, hatte fast Tränen in den Augen. Da verstand ich, daß er ergriffen war von dem Leiden und der Hoffnung in den Gesichtern der anwesenden Gläubigen – und ich habe dieses Bild vor Augen, wenn ich ihn jetzt beweine."

**Roman Opalka**[106]          ca. 0:50 min
„Hier war ein Künstler, der vom Leben sprach, und seine Botschaft kam im Laufe seiner Aktionen am besten an; sie nahm mit seinen Worten und visuellen Kommentaren Gestalt an, während er erklärte und zeichnete; nun entstand vor unseren Augen ein einzigartiges Dokument über die Liebe zum Leben, über sein

Engagement für dessen Verteidigung und Schutz vor der Ungerechtigkeit, dem Leid und der Zerstörung. [...]
Wir, die wir das Glück hatten, Beuys zu begegnen, sind von einer tiefen Traurigkeit erfaßt, spüren jedoch immer noch jene Verzauberung, in die seine Bekanntschaft uns versetzte."

**Bjorn Norgard**[107] ca. 1:00 min
„Ich traf Beuys 1966 zum ersten Mal, [...] alle führten wir eine Aktion vor, Beuys die Sibirische Symphonie. [...] Wir besaßen Bilder von seinen Objekten und von seinen Aktionen. Alles hatte eine mystische Kraft. Diese demütigen Begebenheiten und Materialien arbeiteten mit einer Authentizität und mit einer Energie, die einen gleichsam dazu zwang, sich mit noch größerem Ernst mit den Dingen zu beschäftigen. Will man verstehen, was Bedeutung ist, läßt sich dies nur durch den schmerzhaften Prozeß erreichen, der die Bedeutung von den Dingen befreit. Beuys konfrontierte uns mit der europäischen Tragödie, er war im Totenreich gewesen und ein Mensch geworden."

**Richard Serra**[108] ca. 1:00 min
„Vor ungefähr 12 Jahren machte Beuys in New York seine Performance ‚Coyote'[109]. Ich wohnte damals in der Nähe und konnte täglich vorbeischauen. Beuys und der Kojote gingen in dem vergitterten Raum umher und stierten sich an. Beuys starrte auf den Kojoten, der Kojote starrte auf Beuys und ich starrte auf beide. Als ich wiederkam, saß Beuys am Boden, in Filz eingewickelt, sein Spazierstock ragte über seinen Kopf wie ein Periskop. Der Kojote schaute auf Beuys usw. Ich ging immer wieder hin. [...] Beuys starrte auf den Kojoten, der Kojote starrte auf Beuys. Ich fand niemals heraus, was da eigentlich vor sich ging."

**Gerhard Richter**[110]  ca 0:40 min

„1962 sah ich einen jungen Mann in der Düsseldorfer Akademie, mit Jeans. Weste und Hut; ich hielt ihn für einen Studenten und erfuhr, daß das der neue Professor sei, Beuys hieße und sehr interessante, ‚irgendwie ganz andere' Sachen mache. [...]
Mit Beuys war es immer anders; er verunsicherte mich, denn er hielt sich nicht an die Spielregeln. Er handelte nach anderen Kriterien, verwendete andere Strategien, er arbeitete für einen ‚erweiterten Kunstbegriff', der ihn weniger schützte als forderte; der mich forderte."

**Bernhard Anton Volk**[111]  ca. 1:00 min

„Den Eindruck, den Joseph Beuys bei mir hinterließ, möchte ich vergleichen mit dem, was Kaspar Hauser erlebte, als er zum ersten Mal den Sternenhimmel sah: ‚Mir war, als würde mir etwas zurückgegeben, das ich bisher entbehren mußte, auf das ich aber schon lange, voller Sehnsucht gewartet habe.' [...]
Daß mit dem erweiterten Kunstbegriff uns die Möglichkeit gegeben wurde, die wahre Größe des Menschen und seiner Aufgabe wiederzuerlangen, in einem Vorgang, der auf das Denken, die Aktivität und den Willen des Menschen baut, daß er uns diesen Weg gezeigt und geebnet hat, dafür bin ich Joseph Beuys dankbar."

**Klaus Staeck**[112]  ca. 0:30 min

„Man wird versuchen, Beuys ins Museum einzusperren, für dessen Überwindung er zeitlebens gearbeitet hat. Man wird große Anstrengungen unternehmen, um seine politischen Ideen von seinen Kunstwerken zu trennen. Wir müssen dafür Sorge tragen, daß diese Versuche scheitern."

## 8.5 Die Texte zu Musik 4

*Hinweise*
- *ein bis zwei Personen stellen wiederholt die Frage: „Wo ist Element 3?"[113]*
- *eine Person spricht gelegentlich: „ö" – „ö" wie bei „öffnen" in Anlehnung an das Röhren eines Hirsches[114]*
- *die Texte[115] werden dynamisch, ggf. in unterschiedlichen Gruppierungen vorgetragen*
- *das Musikstück ist etwa doppelt so lang wie die Texte, sodass immer wieder Pausen eingebaut werden können, in denen die Musik gut zu hören ist. Eine Anpassung des Textvortrages an den Musikrhythmus ist schwierig und nicht nötig.*

„Erzeuger der Zeit: der Mensch (h)"
„Erzeuger des Raums: der Mensch (h)"

Joseph Beuys
    Verkünder des **erweiterten Kunstbegriffs**
    Verkünder der **sozialen Plastik**, der **Hirschdenkmäler**[116]
    Verkünder aus dem **Haus des Schamanen**[117]
    Verkünder von **Hauptstrom**[118], **Honigpumpe, Parallelprozess**[119]
    Verkünder von Evolution, Revolution[120], Transformation
    Verkünder der **permanenten Konferenz**
    Verkünder, **der seine Berge sehen will**[121]

„Energie = der Mensch (h)"
„Materie = der Mensch (h)"

„Christus, Erfinder der Dampfmaschine"
„Christus, Erfinder der Elektrizität"

Joseph Beuys
 Hüter der Kunst, Kreativität, **Feuerstätte**
 Hüter von Schmerz, Heilung, **Coyote**
 Hüter der Seele, Wärme, Liebe

„Christus, Erfinder der analytischen Methode"
„Christus, Erfinder des Materialismus"

*„Ursache = der Mensch (h)"*
*„Kausalität = der Mensch (h)"*

Joseph Beuys
 Kurator von Baum, Biene, Basalt
 Kurator von Hase, Honig, Hirsch
 Kurator von Intuition, Inspiration, Imagination
 Kurator von Freiheit, Gleichheit, Brüderlichkeit
 Kurator von Demokratie, Dreigliederung,
 Christusimpuls

*„Krümmer des Raumes: der Mensch (h)"*
*„Krümmer der Zeit: der Mensch (h)"*

*Chor bleibt auf der Bühne, bewegend, verharrend. Publikum geht in die Pause, Musik 5 läuft, während das Publikum seine Plätze verlässt.*

## 8.6 Überlegungen zum 100. Satz der Sibirischen Symphonie

- Der 100. Satz ist Teil dieses Buches sowie meiner Performance bei Lesungen.
- Aufführende Theater können wählen, ob sie meinen Satz übernehmen. Wenn, dann ist der 100. Satz immer anzukündigen.
- Oder Theater entscheiden (in Absprache mit mir) in einer eigenen Inszenierung des Stückes auch einen eigenen Satz der Sibirischen Symphonie zu entwickeln.
    - in diesem Fall bekommt jede Inszenierung des Stückes, die einen anderen Satz der Sibirischen Symphonie enthält, eine eigene Nummer (ab Nr. 101). Die Nummern werden von mir vergeben und registriert.
    - die Nummer könnte auf einem Stempel zur jeweiligen Inszenierung auftauchen.
- Am 100. Geburtstag von Joseph Beuys, dem 12. Mai 2021 könnte dieser 100. Satz (bzw. andere Inszenierungen) im Rahmen von Gedenk- oder anderen Kulturveranstaltungen an 100 Orten aufgeführt werden.
- Die Aufführungen dieser Orte könnten wiederum an einem zentralen Beuys-Ort auf 100 Bildschirmen zu sehen sein (erst live, dann nonstop). Damit wird die Zahl 100 um einen Ort überschritten und verweist damit auf die Zukunft.

## 9  Basel

*Vor dem Vorhang*
*Tisch(e), Stühle, Sitzung der Fasnachtsgesellschaft
„Alti-Richtig". Die Protestler stellen Mitglieder der Fasnachts-
clique „Alti-Richtig" dar, die über den kommenden Beitrag
zum Fasnachtsumzug diskutieren.*[122] *Bei Interesse und nach
Möglichkeit kann der Dialog auch auf Schwyzerdütsch vorgetragen werden. Für die Aufführung werden die Aussagen auf
die vorhandene Personenzahl verteilt (hier exemplarisch mit
sechs Personen).*

A  Also, wir brauchen eine Entscheidung: Wie nehmen wir am Fasnachtsumzug teil?

B  Lasst uns Beuys auf die Schippe nehmen. Die Stadt will so viel Geld für einen solchen Mist ausgegeben.

C  Wenn die Stadt die Beuys-Installation kauft, bekommen wir die Sammlung von Robert von Hirsch niemals.

D  Die Sammlung wäre viel besser, schöner, interessanter nicht bloß 30 Kupferstäbe[123] und ein Wägelchen, das an Kinderarbeit erinnert.

B  Keine Steuergelder für Kupferstäbe! Mit dem Geld könnte man viel sinnvollere Dinge machen.

A  Aber das wird kommen. Also wir nehmen Beuys und seine Feuerstätte[124] ins Visier? Ja?

B, C; D; E; F  Machen wir.

E  Wir könnten Leiterwagen mitnehmen mit gebastelten Feuerstätten drin.

C  Oder Bastelbögen, damit sich jeder daheim auch eine Feuerstätte basteln kann.

F  Was ist mit Filz? Beuys macht doch immer viel mit Filz?

A  Wir könnten Filzanzüge anziehen.

E  Das gefällt mir!

B  Unsinn. In der Feuerstätte gibt es keinen Filzanzug. Nur einen filzumwickelten Spazierstock.

C  Dann nehmen wir Spazierstöcke mit!

B  Und Stäbe, die aussehen wie Kupferstäbe.

D  Warum nicht gleich echte Kupferstäbe?

B  Da brauchst du einen Sponsor dafür.

F  Aber Beuys ist so bekannt für Filz. Stäbe allein wirken nicht.

D  Die Anspielung mit den Spazierstöcken verstehen bestimmt viele nicht.

C  Dann umwickeln wir sie mit Filz.

D  Das ist doch auch nicht verständlicher.

E  Machen wir doch beides – Stäbe und Filz!

F  Das wär' die Erweiterung der Feuerstätte im Geist von Beuys.

A  Leute, wir machen Fasnacht und keine Kunst!

B  Und wer zahlt das und was machen wir damit hinterher?

C  Grandios wäre, wenn Beuys das zahlen würde. Der bekommt ja auch einen Haufen Geld für den Ankauf seiner Installation.[125]

F  Wir könnten sie ihm ja hinterher schenken.

B  Ihr seid ja schon genauso neben der Spur wie dieser Fettheini. Das funktioniert doch nicht.

Und außerdem will ich was Gescheites für die Fasnacht!
E Wir reden mit Beuys. Vielleicht findet er die Basler Fasnacht interessant.
D Schick ihm doch 'ne Platte mit der Umzugsmusik. Vielleicht merkt er, dass das was Besonderes ist, und wird neugierig.
B Noch so 'ne schräge Idee.
C Aber wir brauchen 'nen Aufhänger.
A Wir machen das!
F Gespannt, was dabei rauskommt.[126]

*Protestler gehen. Die Bühne öffnet sich.*
*Eine Lichtung. Bienenstöcke stehen an einer Seite, ein, zwei Hirsche auf der anderen Seite, evtl. zwischen Bäumen. Man hört Bienen summen. Etwas neben der Mitte ein Lagerfeuer.*
*Protestler kommen mit Filzanzügen (wenn zu aufwendig, dann nur Filzjacken) und „Kupferstäben" zurück und gehen unter Basler Faschingsmusik[127] über die Bühne. Sie legen dann ihre Stäbe im Kreis auf die eine Seite des vorhandenen Lagerfeuers, ihre Filzjacken (-anzüge) ordentlich Jacke für Jacke aufeinander auf die andere Seite des Lagerfeuers.[128] Protestler gehen dann von der Bühne.*
*Die Hauptdarsteller kommen scheu, zögernd auf die Bühne umkreisen die drei Zentren (Stäbe, Lagerfeuer, Filzjacken). Der Chor kommt. Jedes Chormitglied hat einen Stab (Kupferstab oder so aussehend, Spazierstock, um 180 Grad gebogenen Stab [**Eurasienstab**]) ähnlich den Stäben der Installation* **Feuerstätte**.
*In dynamischer Bewegung nähert, entfernt, umkreist der Chor die Feuerstelle. Während der Bewegung und Vortrag des Textes bekommen die Hauptdarsteller von den Chormitgliedern*

*Stäbe gereicht, übernehmen die Bewegungen, machen mit.
Am Ende des Textes (ggf. wiederholen) werden die Stäbe zu
den bereits vorhandenen Stäben strahlenförmig ausgelegt. Alle
setzen sich im Kreis um die drei Feuerstätten.*

**CHOR**
Inmitten der Lichtung,
der Lichtung der Freiheit!
Der Stab sei das Zeichen
Signal – Antenne – Leuchtturm
sich zu versammeln.
Inmitten der Lichtung,
der Lichtung der Freiheit!
Sich zu versammeln.
Zu diskutieren, zu erkennen, zu erhöhen,
den Wärmegehalt von Denken und Handeln.
Ich – Hirte[129], Bischof, Lehrer,
Lehrender & Lernender,
lade euch ein,
euch zu versammeln,
auf der Lichtung der Freiheit
zu diskutieren, zu erkennen, zu erhöhen
den Wärmegehalt von Denken und Handeln.

**TOBIAS**  Also, was ist das Thema? Worüber soll diskutiert werden, wo wir so nett um das Feuer sitzen?

**DANIEL**  Wärme. Diesmal wirklich. Bisher kam sie nur symbolisch vor. Jetzt sitzen wir wirklich am Feuer.

**ANNA**  Lagerfeuer ist immer schön.

**DANIEL**  Aber das ist mehr: Ein Ratsfeuer, ein Versammlungsort, der Ort der **permanenten Konferenz!**

| | |
|---|---|
| ANNA | Feuer ist gemeinschaftsbildend![130] Der Stamm trifft sich am Feuer, um Dinge zu besprechen, Rat zu halten. |
| DANIEL | Die Wärme, die Beuys meint, geht aber über die physikalische Wärme hinaus. Zwischenmenschliche Wärme, soziale Wärme und Wärme, die im Wirtschaften neben dem Profit entsteht. |
| TOBIAS | Das ist das Wesentliche an der Arbeit, wie mein Prof immer sagt: „Es kommt nicht darauf an, was du in deinem Job verdienst, sondern wer du wirst durch deinen Job!"[131] Daraus ergibt sich die einzige Aufgabe von Unternehmen, nämlich „Menschen Möglichkeiten zur persönlichen Entwicklung zu verschaffen."[132] |
| ANNA | Das hätte Beuys gefallen. |
| DANIEL | Das hört sich mehr nach Beuys als nach BWL an. |
| TOBIAS | Ja, scheint zu passen. Business Reframing ist so anders, ist hoch spannend.<br>*zu DANIEL* Du studierst einfach das Falsche. Hab' ich dir schon immer gesagt. |
| ANNA | *grinst, stößt DANIEL an (sofern im Sitzen möglich)* Ja, studier' doch mal was Richtiges. Und übrigens ist Wärme ja nicht das einzige Attribut von Feuer. Am Feuer ist es hell. Feuer ist auch Licht. Früher gab es nachts außer dem Mond *sie lacht* und dem einen oder anderen Glühwürmchen keine andere Lichtquelle. |
| DANIEL | Wir sitzen auch alle im Kreis. Und solange sich keiner auf einen Stein oder was anderes setzt, erhebt er sich auch nicht über die anderen. Das hat was sehr Demokratisches. |

ANNA     Aber selbst erhöht ist man immer noch Teil des Kreises.

TOBIAS   Das erinnert mich an die Kreisorganisationsmethode.

ANNA, DANIEL *blicken fragend, überrascht* An was?

TOBIAS   Soziokratie[133]. Ein demokratisches Modell, das Kreisstrukturen als Organisationsprinzip hat.

DANIEL   Nie gehört.

ANNA     Ich auch nicht.

TOBIAS   Ihr habt ja auch keine Vorlesungen über Organisationsstrukturen in Verwaltung und Wirtschaft. Soziokratie beruht auf gemeinsamen Beschlüssen, die durch Delegierte in verbundenen Organisationskreisen gefasst werden. Es gibt keine Mehrheitsentscheidungen, sondern es muss Konsent herrschen. Eine Entscheidung wird dann gefällt, wenn jeder sie mittragen kann.

ANNA     Das wäre was für Beuys, dem doch direkte Demokratie und Selbstverwaltung immer sehr wichtig waren, der gerade Schulen und Hochschulen in die Selbstverwaltung entlassen wollte, aber außer dem Impuls zur direkten Demokratie[134] wenig Konkretes entwickelt hat.

DANIEL   Na ja, Beuys war es ja immer sehr wichtig, dass alle Themen umfangreich diskutiert werden und er hat Mehrheitsentscheidungen als „keine vollkommene Demokratie" bezeichnet. Er meinte, dass „der Konsensus ein anzustrebendes Ziel ist".[135] Ihm war schon bewusst, dass die Mehrheit nicht recht haben muss.

| | |
|---|---|
| TOBIAS | Also, das passt doch. Wundert mich, dass du dann noch nichts von Soziokratie gehört hast. Wie auch immer – das wäre was für Beuys gewesen. Soziokratie als Weiterentwicklung der Demokratie, als Anerkennung der Minderheit. Soziokratisch getroffene Entscheidungen haben bei allen Beteiligten eine höhere Identifikation als Mehrheitsentscheidungen. Der Erfolg von Mehrheitsentscheidungen hängt davon ab, wie die Minderheit sich verhält. Wenn die, die anderer Meinung waren, sich als Verlierer fühlen und die Umsetzung einer Mehrheitsentscheidung nicht aktiv mittragen, dann hast du nur Probleme. |
| ANNA | Oder man sabotiert mehr oder weniger offen die Entscheidung, so wie ich das schon mal in einem Team erlebt habe. |
| DANIEL | Beuys stellte immer den Menschen mit seinem Potenzial und seiner Kreativität in den Mittelpunkt. Als Mittelpunkt und Ausgangspunkt für künftige Lösungen. |
| ANNA | Ich könnte mir schon vorstellen, dass er sich mit Soziokratie beschäftigt hätte.[136] |
| TOBIAS | Sag' ich doch. |
| ANNA | Könnte man damit nicht auch die Parteien[137] loswerden? Beuys fand Parteien vor 40 Jahren schon überholt. |

*Während des „Parteientextes" von ANNA steht der Chor auf, verteilt sich auf der Bühne und beginnt, wenn ANNA fertig ist, dynamisch, durcheinander sprechend, laufend, gestikulierend zum Publikum den Chortext zu sprechen.*

## CHOR
„Wählt nie wieder eine Partei!
Alle! Jeder!
Wählt die Kunst, d. h. euch selbst!
Alle! Jeder!
Organisiert euch als Nichtwähler zu einer echten Opposition!
Alle! Jeder!
Macht Gebrauch von eurer Macht,
die ihr habt durch das Recht auf Selbstbestimmung!
Alle!"[138] Jeder!

*Chor geht von der Bühne, Hauptdarsteller bleiben allein. Währen der folgenden Konversation beginnen die Darsteller die Stäbe genauer anzuschauen, sie zu untersuchen, mit ihnen zu spielen.*

**TOBIAS** Parteien lösen immer weniger die anstehenden Aufgaben und Herausforderungen. Eigentlich braucht man keine Parteien, wenn man staatliche Aufgaben wie Projektmanagement betreiben würde. Der, der's kann, macht's!
Es gibt in den Niederlanden schon Gemeinden die soziokratisch arbeiten. Dort dürfen auch Unternehmen, die soziokratisch organisiert sind, auf Betriebsräte verzichten. Weil – mehr Mitbestimmung kann es nicht geben!

**DANIEL** Also, nächste Vorlesung, sag Bescheid, ich gehe mit.

**TOBIAS** Soll ich's dir noch mal sagen, von wegen richtigem Studium und so?

**ANNA** Habt ihr gesehen, auf den Stäben sind Zahlen.

| | |
|---|---|
| TOBIAS | Zeig! |
| ANNA | Aber nicht auf allen. |
| DANIEL | *schaut nach* Wenn, dann müssten das Primzahlen sein. |

*Stäbe werden aktiv untersucht ggf. in Reihenfolge gelegt*

| | |
|---|---|
| ANNA, TOBIAS, DANIEL | *durcheinander* 1, 3, 3, 5, keine, 11, 7, keine, 2, 7, 5, keine … *usw. je nachdem wie viele Stäbe vorhanden sind.* |
| ANNA | Stimmt, wenn eine Zahl da ist, dann sind es Primzahlen. |
| TOBIAS | Kennst du den Grund für den Unterschied? |
| DANIEL | Stäbe mit Primzahlen sind aus **Feuerstätte I**, der Installation, die das Museum gekauft hat. Stäbe ohne Zahl sind aus **Feuerstätte II**. Das sind die Stäbe, die die Fasnachter in ihren Filzanzügen durch die Straßen getragen haben. Daraus wurde nach dem Umzug **Feuerstätte II**. |
| TOBIAS | Das heißt, Beuys hat sich auf die Ideen der Fasnachter eingelassen? |
| DANIEL | Ja, eine Delegation war bei ihm in Düsseldorf. Beuys ist dann auch beim Umzug mitgelaufen. |
| TOBIAS | Das ist ja klasse. Alle Achtung! |
| ANNA | Bei **Feuerstätte II** liegen die Stäbe im Kreis, wie hier. Bei **Feuerstätte I** stehen die Stäbe in Gruppen an der Wand. Immer in Primzahlengruppen. |
| DANIEL | Insgesamt 29 Stäbe mit 92 cm Länge und die Zahl 29 ist eine Primzahl, die durch Addition der ersten 6 Primzahlen gebildet werden kann. |

TOBIAS  Aber nur, wenn du die 1 dazu nimmst, die eigentlich keine Primzahl ist.

DANIEL  Jetzt bist du aber pingelig.
Man sagt, dass die Primzahlenreihe als Symbol für die Unendlichkeit gilt.

ANNA  Stäbe waren immer wichtig für Beuys. Sie kennzeichnen ihn als Hirten, als den, der vorangeht. Auch gerade solche ... *hebt einen, um 180 Grad nach hinten gebogenen, Stab auf*

DANIEL  Wie der **Eurasienstab**, der Verbindungsstab zwischen Ost und West.

TOBIAS  So ein Stab steht doch auch in Darmstadt.

DANIEL  Ja, aus der Aktion **Eurasienstab**[139]. Die Stäbe sind meistens aus Kupfer, manchmal aus Eisen, was bedeutet, sie können Energie aufnehmen, abgeben, weiterleiten.

ANNA  Die Stäbe könnten auch für Menschen stehen[140], die sich versammeln. Die Feuerstätte ist der Versammlungsort – womit wir wieder am Anfang wären. Beuys sprach doch auch von der „**permanenten Konferenz**, als gemeinsame Beratung über die Gestaltung des zukünftigen Lebens."[141]

TOBIAS  So was könnten wir echt wieder brauchen:
mehr miteinander reden,
statt übereinander reden,
statt überreden,
statt aneinander vorbeireden.
Das wäre ein unglaublicher Fortschritt.

*Während TOBIAS spricht, kommt der Chor fegend auf die Bühne.*

*TOBIAS endet, der Chor beginnt, geht nach vorne auf die Bühne, spricht den Text.*

## CHOR
Warum?
„Warum eigentlich
soll in einer Gesellschaft […] nicht in der freimütigsten
Weise,
der freimütigsten Weise
über die notwendige Weiterentwicklung,
Weiterentwicklung
diskutiert werden?"[142]
„Wir leben im Zeitalter
der Menschheit als einer Einheit,
und wir müssen
als Menschheit und als Menschen
an die Probleme herantreten, […]"[143]
Und „[…] die zukünftige Organisation
aller Lebensbereiche
auf den Menschen hin ausrichten.
Der Mensch muss im Mittelpunkt
der Betrachtung stehen und nicht mehr, wie gegenwärtig,
die Wirtschaftskräfte alleine […]."[144]
„Der Mensch
muss im Mittelpunkt der Betrachtung stehen!"

## 10  Leipzig

*Leipzig, „Runde Ecke", ehemalige Stasi-Zentrale, heutiges Stasi-Museum. Den Ort evtl. mit einem Foto im Hintergrund darstellen.*
*Bei dem ersten Chortext könnten im Hintergrund auch Filmaufnahmen (ohne Ton!) von den großen Montagsdemos im Oktober 1989 laufen.*[145]

DANIEL   Leipzig! Du wolltest nach Leipzig! Was hat Leipzig mit Beuys zu tun?

TOBIAS   Viel, zumindest, wenn es bei Beuys um die Gestaltung der Gesellschaft geht, dann gehört die Wende dazu. Das erste Mal daran gedacht hab' ich in Kassel, aber nach Basel war mir klar, es kann nur hierher gehen, hier an die „Runde Ecke", der ehemaligen Stasi-Zentrale. Einem der wichtigsten Schauplätze der vielleicht einzigen friedlichen Revolution, die je einem Staat den Garaus gemacht hat.

*Der Chor läuft mit folgendem Text über die Bühne:*

**CHOR**
„[…] der Mensch hat so viel Energie […] entwickelt,
daß er die
Selbstbestimmung praktizieren möchte.
Er schreit danach,
er formuliert das, und
er wird es auch zur Durchführung bringen.
Und dagegen ist auch kein Kraut gewachsen."[146]

TOBIAS  So war das vor der Wende bei den Montagsdemos in Leipzig. Am Ende war kein Kraut dagegen gewachsen.

DANIEL  Du meinst, der Fall der Mauer, die friedliche Revolution von 1989, ist die größte **soziale Plastik** der Geschichte![147]

TOBIAS  Genau! Und Leipzig war die Keimzelle. Mich würd' mal interessieren, ob es nicht Parallelen in Aussagen von Beuys und Aussagen der Wende gibt. Das müsste man mal gegenüberstellen.

*Sofort kommen Protestler als Bürger, Demonstranten (normal gekleidet) von einer Seite auf die Bühne, der Chor von der anderen Seite.*
*In wechselseitiger Rede trägt der Chor Texte von Beuys (linksbündig), die Protestler Texte des Neuen Forums (rechtsbündig) von 1989[148] vor.*

„Die gestörte Beziehung zwischen Staat und Gesellschaft lähmt die schöpferischen Potenzen unserer Gesellschaft und behindert die Lösung der anstehenden lokalen und globalen Aufgaben."

„Wenn der Mensch seine Kraft der Selbstbestimmung kennenlernt, dann sieht er sich eines Tages aufgrund dieses Willens die Demokratie schaffen. Er wird alle undemokratischen Einrichtungen, die diktatorisch wirken, abschaffen, indem er Selbstbestimmung praktiziert. Volksherrschaft!"[149]

„Wir verzetteln uns in übelgelaunter Passivität und hätten doch Wichtigeres zu tun für unser Leben, unser Land und die Menschheit."

„Sehr schwer fällt es dem Menschen, aus eigener Kraft die Selbstbestimmung auch wirklich in Anwendung zu bringen. Es fällt ihm ungeheuer schwer. Er möchte viel lieber noch mal was geschenkt bekommen. Er kriegt aber nichts mehr. Er kriegt nichts, gar nichts, von keinem Gott, von keinem Christus."[150]

„Auf der einen Seite wünschen wir uns eine Erweiterung des Warenangebots und bessere Versorgung, andererseits sehen wir deren soziale und ökonomische Kosten und plädieren für die Abkehr von ungehemmtem Wachstum. Wir wollen Spielraum für wirtschaftliche Initiative, aber keine Entartung in eine Ellenbogengesellschaft. Wir wollen das Bewährte erhalten und doch Platz für Erneuerung schaffen, um sparsamer und weniger naturfeindlich zu leben."

„Die wirtschaftliche Alternative:
Solidarität statt Konkurrenz. Lebensschutz statt Lebensvernichtung. Die Deckung des Bedarfs Aller für ein menschenwürdiges Dasein.
[...] eine Alternative des sparsamen und lebensgerechten Umgangs mit den Stoffen und Kräften der Natur, der radikalen Ausschaltung aller sozialen Privilegien und der Verwirklichung einer Technologie nach dem Maße des Menschen [...]."[151]

„Wir wollen freie, selbstbewußte Menschen, die doch gemeinschaftsbewußt handeln."

„Sofern der Mensch sich als Wesen der Selbstbestimmung erkennt, ist der auch in der Lage, den Weltinhalt zu formen."[152]

„Um all diese Widersprüche zu erkennen, Meinungen und Argumente dazu anzuhören und zu bewerten [...] bedarf es eines demokratischen Dialogs über die Aufgaben des Rechtsstaates, der Wirtschaft und der Kultur. Über diese Fragen müssen wir in aller Öffentlichkeit, gemeinsam und im ganzen Land, nachdenken und miteinander sprechen."

„[...] erfordert ein Offensein für die jeweils andere Meinung und ein Sich-Bereitstellen für eine permanente Konferenz, [...] die die verschiedenen Meinungen zusammen führt und im Vergleiche feststellt, welcher der jeweils wichtigste Schritt im Erreichen des notwenig zu Erreichenden sei, [...]."[153]

„Allen Bestrebungen, denen das NEUE FORUM Ausdruck und Stimme verleihen will, liegt der Wunsch nach Gerechtigkeit, Demokratie und Frieden sowie Schutz und Bewahrung der Natur zugrunde. Es ist dieser Impuls, den wir bei der kommenden Umgestaltung der Gesellschaft in allen Bereichen lebensvoll erfüllt wissen wollen."

„Wenn wir heute in Mitteleuropa anfingen, einen den Zeitforderungen gemäßen Weg des Zusammenlebens und Zusammenarbeitens in unseren Staaten und Gesellschaften einzuschlagen, hätte dies eine starke Ausstrahlung auf jeden anderen Ort der Welt."[154]

| | |
|---|---|
| ANNA | Eigentlich war das NEUE FORUM mit seinen Gründungsideen ganz nah an der Beuys'schen Idee von der **permanenten Konferenz**. Es wäre spannend, zu wissen, wie Beuys die Wende kommentiert hätte. Vielleicht hätte er ein Stück Grenze umgestaltet mit Resten von Wachtürmen oder der Mauer. |
| TOBIAS | Ich glaube, er hätte eher etwas gemacht für die Opfer der Mauer und die Opfer der verhinderten Demokratie. |
| ANNA | Was meinst du damit? |
| TOBIAS | Na ja, nachdem Helmut Kohl die blühenden Landschaften versprochen hatte und die BRD-Parteien richtig Geld in den Wahlkampf[155] der ersten freien Wahlen gesteckt hatten, waren die Meinungsbildungs-Prozesse im Sinne des Neuen Forums schnell Geschichte. Im Eiltempo ging es dann in Richtung Beitritt. Der rasende Niedergang der Wirtschaft, die Währungsunion raubte die Zeit zur Diskussion. Die Oppositionsgruppen wurden eigentlich von den wirtschaftlichen Problemen und dem Beitrittsprozess überrollt. |
| DANIEL | So hab' ich das noch nicht gesehen. Gut, dass du uns nach Leipzig geschleppt hast. |
| ANNA | Aber Beuys Ideen zur Gesellschaft hätten schon in die Wende-Diskussion gepasst. |

| | |
|---|---|
| DANIEL | Meinst du die Dreigliederungsideen wären dort besser angekommen? |
| ANNA | Vielleicht. |
| TOBIAS | Dreigliederung der Gesellschaft? |
| DANIEL | Ja, drei Bereiche: Beim Menschen ... |
| ANNA | und der **Honigpumpe**[156] |
| DANIEL | Denken – Fühlen – Wollen. Dem entspricht gesellschaftlich: Geistesleben – Rechtsleben – Wirtschaftsleben. |
| ANNA | Ursprung: Die Französische Revolution.[157] |
| TOBIAS | Freiheit – Gleichheit – Brüderlichkeit? |
| ANNA | Darum geht es: Die Freiheit ist das Prinzip des Geisteslebens, die Gleichheit das Rechtsleben, die Brüderlichkeit beherrscht das Wirtschaftsleben. |
| TOBIAS | Da wird mir einiges klarer. Deswegen immer wieder Kreisläufe, daher dieser zentrale Begriff der Freiheit, deshalb die Umdeutung des Geld- und Kapitalbegriffs! |
| DANIEL | Eben. Beuys hat viel in Analogien gedacht. Die zentrale Analogie kommt von Steiner. Steiner überträgt die Dreigliederung des Menschen – 1. Kopf, 2. rhythmisches System und 3. Stoffwechsel – auf die Gesellschaft. Beuys sagt, dass die Sphären der Gesellschaft und die des Menschen die gleichen sein müssen.[158] Dann kann sich der Mensch wirklich entfalten. |
| ANNA | Die Gesellschaft in drei Bereiche zu gliedern ist keine Forderung von Steiner oder Beuys. Nach |

DANIEL  Steiner ist sie das schon und er hat es nur beobachtet und daraus seine Schlüsse gezogen.[159] Die Gesellschaft ist schon dreigegliedert.

DANIEL  Jow.

ANNA  Geistesleben, Rechtsleben und Wirtschaftsleben bilden den sozialen Organismus und dessen Gestaltung ist die **soziale Plastik**.

DANIEL  Dabei ist der Mensch der Souverän und Volksabstimmung ist, „daß das Volk sich seine Verfassungen selbst gibt, daß es sich weiterhin seine Grundrechte selbst bestimmt und seine daraus folgenden Rechte konstituiert."[160]

TOBIAS  Wobei „Volksabstimmung nicht das Mitbestimmen in allen möglichen Fragen, wo Sachkenntnis die Voraussetzung für die Entscheidung ist".[161] Das ist schon eine Einschränkung, die Beuys da macht.

ANNA  Das widerspricht sich. Bist du dir sicher?

TOBIAS  Ja, hab' ich auf der Fahrt hierher gelesen.

ANNA  Er wollte doch, dass Bürger selbst entscheiden und der **Omnibus für direkte Demokratie**, der seit 30 Jahren durch die Gegend fährt, wurde immerhin von einem seiner Schüler gegründet.[162] Gerade beim Omnibus ist man stolz darauf, daran mitgewirkt zu haben, dass es heute in allen Bundesländern die Möglichkeit von Volks- oder Bürgerentscheiden gibt.

TOBIAS  Das ist alles löblich und gut. Aber ich würde zwischen direkter Demokratie und Selbstorganisation unterschieden.

Für die Selbstorganisation braucht es andere Instrumente als Volksabstimmungen. Konzepte wie Soziokratie oder systemisches Konsensieren sind da weiter, da sie keine Gruppe zurücklassen, die sich als Verlierer fühlen könnte, wie bei einer Mehrheitsentscheidung. Wer sich bei einer Entscheidung nicht wiederfindet, wird sich an der Umsetzung nicht beteiligen. Wir kennen das aus allen möglichen Gruppenarbeiten und Teamprojekten.

**DANIEL** Entscheidungen in vernetzten Gruppen könnten doch auch vor Manipulation schützen. Seit der Brexit-Abstimmung und der Wahl von Trump habe ich so meine Zweifel an Volksabstimmungen[163]. Die Neuen Medien können in einer Weise beeinflussen, wie sich Beuys das nie hätte träumen lassen. Er hat immer wieder betont wie wichtig die umfassende und freie Information ist, die allen zur Verfügung gestellt werden muss.[164]

**TOBIAS** Das war schon damals idealistisch und ist heute unrealistisch.

*Der Chor kommt – fegend – aus der Richtung zurück, aus der er am Anfang der Szene von der Bühne gegangen ist.*

## CHOR
„[...] jeder Mensch ist ein sozialer Gestalter,
jeder Mensch hat eine soziale Fähigkeit,
jeder Mensch hat eine selbstständige Kreativität,
jeder Mensch ist der Träger von Fähigkeiten.
[...] das führt auf das Herzproblem unserer Gesellschaften hin."
Das Herzproblem:
„[...] zu fragen,
ob wir eine Gesellschaft,
eine Wirtschaftsordnung
[...] eine Demokratie
[...] ein Geistesleben
haben, wo diese Produktivkraft überhaupt effektiv werden kann."[165]
„[...] es ist doch der Mensch, der die Geschichte macht –, wer denn sonst? [...]
Wenn man feststellt, daß unsere Gesellschaftsordnung die wichtigsten
Menschheitsaufgaben nicht lösen kann,
dann wird man nach einem Weg suchen müssen, der [...] die Aufgaben löst."[166]

# 11 Düsseldorf

*Die Bühne dunkel, die Protestler (repräsentieren Professoren, Verwaltungsbeamte) stehen vorne im Licht und tragen die folgenden Texte vor. Alternativ könnten die Protestler auch nacheinander auf die Bühne kommen.*
*Für die Aufführung werden die Aussagen auf die vorhandene Personenzahl verteilt.*

**Der Direktor der Kunstakademie Düsseldorf, Eduard Trier, schrieb am 28.2.1967 an das Kultusministerium in NRW:**
„Professor Joseph Beuys hat nach einhelliger Meinung des Professorenkollegiums [...] während seiner Mitarbeit [...] seine hohe Qualifikation als künstlerischer Lehrer und Meister eindeutig unter Beweis gestellt. [...] Prof. Beuys wird im gesamten Kollegium als ein für alle Belange des Hauses sehr ernsthaft interessierter Mitarbeiter mit klar formulierter Meinungsäußerung hoch geschätzt. [...] Von seinen Schülern wird er auf Grund seiner aufgeschlossenen menschlichen Haltung und seiner Hilfsbereitschaft, auch in persönlichen Nöten und Sorgen, hoch geachtet."[167]

**Neun Professoren der Düsseldorfer Kunstakademie schrieben im November 1968 an den Akademiedirektor Eduard Trier:**
„Die unterzeichnenden Professoren sind der Auffassung, daß die Kunstakademie einer sie in ihrer Existenz bedrohenden Krise entgegengeht. Urheber dieser [...] Entwicklung ist ein Ungeist, der im wesentlichen aus dem Ideenkreis und dem Einfluß von Herrn Joseph Beuys stammt. Anmaßender politischer Dilettantismus, Sucht nach weltanschaulicher Bevormundung, demagogische Praktik und – in ihrem Gefolge – Intoleranz, Diffamierung und Unkollegialität zielen auf die Auflösung gegenwärtiger Ordnungen, greifen störend in künstlerische und pädagogische Bereiche ein und erniedrigen, bewußt verletzend, menschliche Werte."[168]

**Johannes Rau, Minister für Wissenschaft und Forschung des Landes Nordrhein-Westfalen schrieb am 11.10.1972:**
„Mit dem Schreiben meines Vertreters vom 6.10.1972 sind Sie bereits darauf hingewiesen worden, dass die Besetzung des Sekretariats der Staatlichen Kunstakademie den strafrechtlichen Tatbestand des Hausfriedensbruchs erfüllt und ich nicht gewillt bin, solche strafbaren Handlungen hinzunehmen. [...]
Trotz dieses Schreibens haben Sie heute seit 11 Uhr das Sekretariat mit etwa 60 bis 80 Personen besetzt und [...] meine Ihnen um 14 Uhr zugeleitete Aufforderung auf unverzügliche Räumung des Sekretariats (*nicht*[169]) befolgt.
Dieses Verhalten ist mit Ihren Pflichten als Landesbediensteter und Professor der Staatlichen Kunstakademie unvereinbar. Die Fortsetzung des Dienstverhältnisses kann dem Lande Nordrhein-Westfalen nicht mehr zugemutet werden.
Ich kündige daher mit sofortiger Wirkung [...] den mit Ihnen [...] abgeschlossenen Dienstvertrag.
Gleichzeitig fordere ich Sie [...] auf, das Sekretariat der Staatlichen Kunstakademie sofort zu räumen."[170]

**Joseph Beuys schrieb am 8. April 1973 an den Minister für Wissenschaft und Forschung in NRW:**
[...] Im übrigen kann ich ihre unrechtmäßige Handlungsweise, [...] nur so deuten, daß Sie auf Grund ihrer Machtstellung glauben, sich über Recht und Gesetz einfach hinwegsetzen zu können. Offenbar geht – was vielfach auch in der Öffentlichkeit erkannt wird – Macht in Ihren Kreisen vor Recht. Hiergegen werde ich mich weiterhin mit allen mir zu Gebote stehenden Mitteln zur Wehr setzen; nicht zuletzt auch im Interesse aller übrigen zu unrecht Verfolgten und Benachteiligten und insbesondere der um die verfassungsmäßige Chancengleichheit gebrachten jungen Menschen, die solcher Willkür hilflos gegenüberstehen."[171]

**Der Minister für Wissenschaft und Forschung Herr Reimut Jochimsen und Herr Prof. Joseph Beuys erklärten am 23.11.1978:**
„Im Interesse der Wiederherstellung des Rechtsfriedens schließen die Parteien folgenden Vergleich:
1. Die Parteien sind sich darüber einig, daß das Arbeitsverhältnis mit Ablauf des 30. September 1973 sein Ende gefunden hat. [...]
2. Herr Professor Beuys kann sein Atelier in der Kunstakademie Düsseldorf auch in Zukunft bis zur Vollendung seines 65. Lebensjahres nutzen.
3. Herrn Professor Beuys wird die Weiterführung seines Professorentitels genehmigt.
4. Die Parteien sind sich darin einig, daß mit der vorstehenden Vereinbarung alle eventuell bestehenden wechselseitigen Ansprüche erledigt sind."[172]

*Protestler gehen von der Bühne. Die Bühne wird dunkel, während sie gehen.*
*Neues Licht, im hinteren Teil der Bühne ein Einbaum (o.ä.), Flussgeräusche, ein Schild „Rheinkilometer 744".*
*Die drei Hauptdarsteller steigen in das Boot, ANNA steht hinten, die beiden Jungs vorne, paddeln. Das Boot bewegt sich über die Bühne auf die Zuschauer zu.*

| | |
|---|---|
| **ANNA** | Paddeln, paddeln. Jungs, nicht so lahm! Ich kehre zurück. |
| **TOBIAS** | Nicht wirklich du. Er! |
| **DANIEL** | Beuys wurde am 20. Oktober 1973 im Einbau über den Rhein gepaddelt.[173] |
| **ANNA** | Fühlt sich gut an. |
| **DANIEL** | Glaube, ihm hat das auch gefallen – damals. Die symbolische **Heimholung** in die Akademie, die |

|         | an diesem Tag 200 Jahre alt wurde und er ja immer noch gekündigt war. |
|---------|---|
| TOBIAS  | Also war die **Heimholung** nur ein Kunstwerk ohne Bedeutung? |
| DANIEL  | Na ja, es war symbolisch. Aber auch ein Zeichen, dass Beuys die Kündigung nicht akzeptierte und das Land verklagte. Dann hat es noch fünf Jahre gedauert, bis die Rechtsstreitigkeiten in einem Vergleich endeten. Die **Heimholung** war schon ein zeitlicher Vorgriff. |
| ANNA    | *begeistert* Wisst ihr, unsere Reise ist auch eine Heimholung, unsere Heimholung von Beuys. Wir holen ihn heim in die Gegenwart, holen ihn heim zu den aktuellen Themen, holen ihn heim in die Herzen und Gespräche der Menschen. |
| TOBIAS  | Nun übertreib' mal nicht. |
| ANNA    | Jungs, paddeln! Ich seh' schon das Ufer. |

*DANIEL schaut sie verliebt an. Die drei haben angelegt. Sitzen im Boot, teilweise auf dem Rand des Bootes, schauen sich an.*

|         |   |
|---------|---|
| ANNA    | Das hat Spaß gemacht. |
| TOBIAS  | Nutzt aber nix. Nur weil wir über den Rhein gepaddelt sind, ist die Situation keine andere. |
| ANNA    | Jetzt vermies' doch nicht die Stimmung! |
| DANIEL  | Er hat doch recht! Man müsste mehr tun. Soziale Medien vielleicht, irgendwie wieder raus aus den Museen. |
| TOBIAS  | Nicht soziale Medien: virtuelle Realität! Stell dir vor, man würde die großen Installationen digital |

|         | nachbilden und sich dann darin bewegen könnten. |
|---------|---|
| ANNA    | Ja, mit Virtual-Reality-Brille durch die Installationen laufen. Man könnte unsere Rheinüberquerung, andere Aktionen wie **Straßenbahnhaltestelle**[174], **Blitzschlag**[175], **House of the Shaman**[176] und was noch alles live erleben. |
| DANIEL  | Wahrhaft erleben, die Installationen erspüren. Nicht nur Außenstehender und Beobachter sein, sondern Teil davon und mit der eigenen Wahrnehmung neu erschaffen! |

*Alle drei setzen VR Brillen auf (die, bisher unsichtbar, im Boot lagen). Im Hintergrund werden (sofern möglich) die erwähnten Kunstwerke wie ein Film projiziert. Die Darsteller machen den Eindruck als würden sie sich in den Kunstwerken bewegen, als wäre die Idee schon realisiert. Nach kurzer Zeit werden die VR-Brillen abgezogen.*

| TOBIAS  | Ich könnt ja mal mit ein paar Computer-Nerds in meinem Semester sprechen. |
|---------|---|
| DANIEL  | Mach das. Wer so an den Kunstwerken teilhaben könnte, würde weniger urteilen und verurteilen, als der bloße Betrachter. |
| ANNA    | „Werturteile zähmen" hieß das im Kreativitätsworkshop vom Career Center an der Uni. Oh ja, wir zähmen! |

*Alle drei stehen auf, hüpfen, laufen über die Bühne. Einige der Aussagen werden direkt an das Publikum gerichtet.*

- Zähmen, zähmen, zähmen!
- Haben Sie heute schon gezähmt?
- Ihren inneren Kritiker, Ihre Urteile, Ihre Meinung,
- Meinung, Meinung. Alle meinen, man müsste eine Meinung haben.
- Die sollte man zähmen, zähmen.
- Zähmen Sie doch mal!
- Oh schau, wie sie sich entspannen!
- Zähmen ist gesund, friedvoll, sozial.
- Zähmen Sie doch mal!

ANNA   Welch ein Genuss einfach wahrnehmen zu dürfen. Das ist wie einfach sein.

DANIEL   Aber einfach sein ist gar nicht einfach!

TOBIAS   Nein, aber überraschend wohltuend.

DANIEL   Weil wir eigentlich den ganzen Tag das Gegenteil tun.

ANNA   Weil die sozialen Medien völlig ungezähmt sind. Voller Respektlosigkeit, Maßlosigkeit, Urteile – überall. Sonst gäbe es keine Shitstorms, kein Cybermobbing.

TOBIAS   Aber wir machen das Gegenteil!

*Alle drei hüpfen, laufen über die Bühne. Einige der Aussagen werden direkt an das Publikum gerichtet.*

- Zähmen, zähmen, zähmen!
- Haben Sie heute schon gezähmt?
- Ihren inneren Kritiker, Ihre Urteile, Ihre Meinung,
- Meinung, Meinung. Alle meinen, man müsste eine Meinung haben!
- Die sollte man zähmen, zähmen.
- Zähmen Sie doch mal!
- Oh schau, wie sie sich entspannen!
- Zähmen ist gesund, friedvoll, sozial.
- Zähmen Sie doch mal![177]

*Die drei sitzen wieder atemlos am Boot.*

ANNA  Eigentlich gäbe es noch eine andere Art zu zähmen, sozusagen zähmen 2.0. Kennt ihr den kleinen Prinzen?

DANIEL  *nickt*

TOBIAS  Hab' davon gehört. Was meinst du genau?

ANNA  Zähmen 1.0 ist etwas unterlassen. Das haben wir eben gemeint, wir unterlassen unsere Urteile. Zähmen 2.0 wäre „sich vertraut miteinander machen."[178] Sich miteinander vertraut machen, erklärt der Fuchs dem kleinen Prinzen, heißt bedeutungsvoll für einander werden. Das wäre doch mal eine Herangehensweise an Beuys'sche Kunst.

DANIEL  „Das Wesentliche ist für die Augen unsichtbar. Man sieht nur mit dem Herzen gut."[179] Sagt der Fuchs doch auch noch.

| | |
|---|---|
| ANNA | Ja, weltberühmtes Zitat. |
| TOBIAS | Das hat doch bestimmt noch nie jemand mit moderner Kunst in Verbindung gebracht. |
| ANNA | Aber jetzt! |
| DANIEL | *irritiert, verwundert* Und das passt sooo gut! Beuys sprach doch immer von der „Reaktivierung der Sinne"[180], vom Ansprechen der gängigen Sinne plus Intuition, Gespür für Raum, Zeit, Atmosphäre, usw. bis hin zur Frage, inwieweit man neue Sinne entwickeln muss, um moderne Kunst und auch die Welt umfassender zu verstehen.[181] |
| ANNA | Viele Aktionen waren ja auch langatmig, die Zuschauer mussten aushalten, dass wenig passiert. Dass er die Zeit geradezu dehnt, etwas in die Länge zieht. Bei **Celtic**[182] stand er eine Dreiviertelstunde regungslos mit einem Speer da. Darauf muss man sich einlassen, das musst du erst mal aushalten als Zuschauer und da gab's keine Handys zum Ablenken! |
| TOBIAS | Ihr meint, Beuys wollte die Zuschauer herausfordern und auffordern sich seiner Kunst anders zu nähern, sie auf eine andere Art wahrzunehmen? |
| DANIEL | Bestimmt. Beuys ist eine Wahrnehmungsschulung und ‚zähmen' ist die richtige Einstellung dafür. |
| ANNA | Ja, zähmen! Aber das hat vielen Leuten zu Beuys Lebzeit auch gefehlt. In Aachen gab es ein Handgemenge mit einem Zuschauer, so dass Beuys die Aktion mit einer blutigen Nase beendet hat.[183] |

DANIEL   Ein äußerst beliebtes Foto![184]

*Alle drei hüpfen, laufen über die Bühne. Einige der Aussagen werden direkt an das Publikum gerichtet.*

- Zähmen, zähmen, zähmen 2.0!
- Haben Sie heute schon gezähmt?
- Und waren plötzlich ganz offen?
- Für neue Erfahrungen, Einsichten, Erkenntnisse?
- Ist Ihnen etwas nahegegangen: Ein Bild, eine Plastik, eine Installation?
- Konnte Sie etwas berühren: ein Bild, eine Plastik, eine Installation?
- Oh schau, wie sie sich entspannen!
- Ja, Sie sind auf dem richtigen Weg!
- Zähmen ist bereichernd, kreativ, erleuchtend.
- Zähmen Sie doch weiter!

*Die drei wieder am Boot.*

TOBIAS   Das also ist jetzt Düsseldorf?

DANIEL   Sein Wohnort, seine Akademie, sein Atelier!

ANNA   Akademie, das ist das Stichwort. Beuys war von Herzen Lehrer.

DANIEL   Sonst hätte er auch nie die Zulassungsbeschränkungen abgelehnt und deutlich mehr Studierende aufgenommen als erlaubt waren. Als ihm das untersagt wurde, hat er mit rund 60 Studierenden am 10. Oktober 1972 das Sekretariat besetzt.[185]

| | |
|---|---|
| TOBIAS | Mit dem Ergebnis: Kündigung. Super-Ergebnis! |
| DANIEL | Aber sehr öffentlichkeitswirksam. |
| TOBIAS | Trotzdem nichts erreicht. |
| ANNA | Die Kündigung hat ihn sehr verletzt. |
| DANIEL | Aber neue Möglichkeiten eröffnet. |
| ANNA | Seine Überlegungen gingen doch viel weiter. Die ganze Welt als Akademie,[186] Arbeitsplätze werden zu Universitäten.[187] |
| TOBIAS | Dann würde es ihn sicher freuen, dass Firmen sich in diese Richtung entwickeln: Merck, Bosch und wer noch alles baut Innovations- und Kreativzentren.[188] Plus die IT-Firmen und Start-ups mit modernen Arbeitsformen und flexibler Arbeitsplatzgestaltung. |
| ANNA | Aber dabei denkt wahrscheinlich keiner an Joseph Beuys. |
| DANIEL | Trotzdem hat er es vorausgedacht. Sein Credo war: Nur der Erfindungsreichtum der Menschen kann Lösungen für die Herausforderungen der Zeit und Welt bringen. |
| ANNA | Damit ist er aktueller denn je. Und das hört bei den Firmen ja nicht auf. Amsterdam hat für zwei Jahre in vier Gebieten die städtischen Vorschriften aufgehoben, damit die Bürger eigene Regeln entwickeln und neue Möglichkeiten entdecken können. Das musst du dir mal vorstellen![189] Beuys würde jubeln. |
| DANIEL | Klasse! Wer, wenn nicht die Niederlande. |
| TOBIAS | Geil! Lass uns das weiterdenken. Wenn wir die |

|        | Welt als Akademie begreifen würden, so wie man von Organisationen oder Firmen sagt, dass sie lernende Organisationen sind. Wenn die Welt eigentlich eine Akademie ist … |
|--------|---|
| ANNA   | *fällt Tobias ins Wort* dann muss niemand mehr einen Schuldigen suchen. Das zähmt ganz ungemein. |
| TOBIAS | Dann ist jeder bestrebt zu lernen, aus Dingen, Abläufen, Projekten, die nicht gut gelaufen sind. |
| ANNA   | Entweder du lernst oder du suchst einen Schuldigen. Sündenböcke zu suchen ist immer die einfache Reaktion. Das kennen wir aus der Geschichte. |
| TOBIAS | Das Problem ist aber: Menschen denken meist linear in eher kurzfristigen Zeiträumen, leben aber in komplexen Systemen, deren Mechanismen sie kaum verstehen. |
| ANNA   | Noch ein Grund, mehr Urteile zu zähmen. Stellt euch mal vor: Lernen, die Schöpfung zu erhalten, lernen, wertschätzend und friedlich zusammenzuleben. Das wäre doch mal ein gemeinsames Projekt der Menschheit. |

*Und wieder: Alle drei hüpfen, laufen über die Bühne. Einige der Aussagen werden direkt an das Publikum gerichtet.*

- Zähmen, zähmen, zähmen 2.0!
- Haben Sie heute schon gezähmt?
- Und waren plötzlich ganz offen?
- Für neue Erfahrungen, Einsichten, Erkenntnisse?
- Ist Ihnen etwas nahegegangen?
- Konnte Sie etwas berühren?
- Oh schau, wie sie sich entspannen!
- Ja, Sie sind auf dem richtigen Weg!
- Zähmen ist bereichernd, kreativ, erleuchtend.
- Zähmen Sie doch weiter, weiter, weiter!

*Vorhang. Der Chor fegend vor dem Vorhang.*

**CHOR**
„Die Welt ist voller Rätsel,
für diese Rätsel aber ist der Mensch
die Lösung."[190]
Ist der Mensch die Lösung, die Lösung der Rätsel.
„Das Entscheidende zur Lösung für jede Art von
Zukunftsfragen
ist die Frage nach dem menschlichen Kapital,
das heißt nach der Fähigkeit des Menschen,
Lösungen zu initiieren
und damit Verantwortung für die Zukunft des Planeten
Erde zu übernehmen."[191]

## 12 München

*Das Bühnenbild orientiert sich an* **Zeige deine Wunde**[192], *d. h. es sollten zwei medizinische Tische (Leichenbahren) auf der Bühne stehen. Alternativ und/oder ergänzend Projektion von* **Zeige deine Wunde**. *Zusätzlich könnte auch* **Schmerzraum**[193] *gezeigt werden.*
*Vor dem Vorhang: Die Protestler sitzen zusammen, diskutieren, repräsentieren einen Stadtrat:*[194]

A   Meine Damen und Herren angesichts der fortgeschrittenen Zeit und unserer Agenda sollten wir nun zur Abstimmung über den Ankauf des Werkes von Herrn Prof. Beuys kommen.

B   Halt, der Bürgermeister möchte abschließend noch etwas sagen.

C   Meine Damen und Herren, bevor wir – nach reiflicher und kontroverser Diskussion – nun abstimmen möchte ich zu bedenken geben, dass auch ich „keinen leichten Zugang zu Beuys" habe. Doch „immerhin hat mich die Beschreibung des Objekts von Beuys, ‚Zeige deine Wunde', was wohl so viel heißt wie ‚Bekenne dich zu deiner Sterblichkeit', tagelang veranlaßt, über meinen mir wie allen Menschen bevorstehenden Tod nachzudenken. Ich wüßte nicht, daß das auch ein anderes Werk der Bildenden Kunst in den letzten Jahren vermocht hätte."[195]

*Vorhang auf, Hauptdarsteller auf der Bühne.*

| ANNA | Bah, mir wird immer kalt, wenn ich das sehe. |
|---|---|
| DANIEL | *nimmt ANNA in den Arm* Das ist nicht einfach auszuhalten. |
| ANNA | Immer wieder Leid. Die Geschichte der Menschen ist die Geschichte unendlichen Leidens. Leid durch Krankheit, Mangel, Katastrophen, durch Tiere, Menschen, Unglücke. Das hört nie auf. Allein, dass es Kinderkrankheiten gibt als Training des Immunsystems. Was für eine unnötige Erfindung. Was für ein mühsames, leidvolles Ausbildungsprogramm. Leid ist so zentral für Menschen. Da verstehe ich Beuys nicht, dass er das noch betont. Warum soll Leid eine „Quelle ständiger Erneuerung"[196] sein? Was haben Tausende von ertrunkenen Flüchtlingen im Mittelmeer erneuert? Menschen bringen so viel Leid über Menschen. Er war doch mitfühlend. Wie kommt man von so viel Empathie zu so einer positiven Bewertung von Leid?[197] |

*ANNA setzt sich, ist sichtlich berührt, getroffen.*
*DANIEL, nah bei ihr, versucht zu trösten.*

| TOBIAS | Vielleicht, damit wir nicht die Augen davor verschließen? |
|---|---|
| ANNA | Oder es schlägt seine strenge katholische Erziehung durch.[198] |
| DANIEL | Es könnte mit der Passion Christi aus Leid – Tod – Auferstehung zu tun haben. Vor allem ist Leid für Beuys erleiden, erdulden, „ausgeliefert sein an die Passivität."[199] Für Beuys gibt es in Lebensläufen nur zwei Möglichkeiten: Tun oder Erleiden[200]. Anderes ist Menschen nicht möglich. |

ANNA  Ja, alles, was ich aufgezählt habe, wird erlitten. Beuys war der große Mit-Leider, der überragende Mit-Fühler.[201] Immer wieder hat er davon gesprochen, dass heute „großes Leiden herrscht,"[202] dass die Natur entrechtet ist, dass sie ...

DANIEL  *ergänzt* vor allem die Bäume

ANNA  „erdulden muss, was der Mensch mit der Natur anrichtet."[203]

TOBIAS  Das stimmt ja alles, aber ist euch bewusst, dass am Ende alles Leid, das der Natur widerfährt, auf den Menschen zurückfällt?

ANNA  Klar, am Ende leiden immer Menschen, solange wir nicht mit der Natur, sondern gegen sie arbeiten. Aber das ist jetzt nicht mein Thema. Mir geht's darum, dass Beuys das Leiden ja förmlich überhöht. Ich bin mir nicht sicher, ob ich ihm da folgen kann.

DANIEL  Ich glaube, für Beuys ist Leiden ganz eng mit der christlichen Passion verbunden. In der gibt es keine Auferstehung ohne das Leid und den Tod zuvor. So kann Leiden „etwas geistig Höheres"[204] erzeugen, eine christliche Substanz bilden, die die Welt erfüllt. Für Beuys ist Christus zu „einer für das äußere Auge unsichtbaren Substanz" geworden, die überall vorhanden und wirksam ist.

TOBIAS  Auszeit! Das geht mir zu schnell. Hab' ich das richtig verstanden: Christus soll zu einer Art unsichtbarer Substanz mutiert sein, zu einer Energie, die in uns wirkt, oder anfängt zu

|   |   |
|---|---|
| | wirken? Und was für eine Art von Energie soll das sein? Wie wirkt sie? Was tut sie? |
| DANIEL | Es ist das Wunder der Wandlung des Menschen Jesus zum göttlichen, auferstandenen Christus.[205] Dieser Jesus ist nach dem Tod nicht einfach verschwunden, das wäre ja menschlich, sondern Jesus transformiert zum Christus und wird nach dem Tod zur Energie, oder spirituellen Substanz, wie Beuys das nennt. In dieser Energie ist alles, wofür Jesus eintrat, enthalten. Diese Energie ist als **Christusimpuls** in der Welt und im Menschen wirksam. |
| TOBIAS | Das ist dann so was wie eine Lebensenergie, eine Art Schöpferkraft? Die Kraft, die diese Erde und Welt antreibt? |
| DANIEL | Denke, das könnte man so sagen. Die Passion aus Leid – Tod – Auferstehung bringt ihn als Energie in die Welt und in die Menschen. Deshalb heißt es nach der Auferstehung auch „Siehe, ich bin bei euch alle Tage, bis an der Welt Ende".[206] |
| ANNA | Christus „lebt im Menschen und seiner Arbeit."[207] |
| DANIEL | Ja und weil Christus zum **Christusimpuls** im Menschen wurde, hilft auch das Anrufen von Gott nichts mehr. „Die Götter geben einem gar nichts ohne eigene Tätigkeit. Sie haben schon genug investiert."[208] Gott hat seinen Job getan, jetzt muss der Mensch ran![209] Der Mensch muss es richten. |
| TOBIAS | Das gefällt mir! |
| ANNA | Aber leider macht der Mensch seinen Job nicht und ruiniert die Schöpfung. |

DANIEL   Ich glaube, Beuys würde das anders sehen. Er würde sagen, dass die Menschen sich auf ihrer eigenen Passion befinden. Durch Materialismus und wissenschaftlichem Denken wurde dem Menschen das Spirituelle ausgetrieben. Das ist die Kreuzigung. In diesem Moment der Verlassenheit kann der Mensch in der Ich-Erkenntnis die christliche Substanz erfahren.[210]

TOBIAS   Das hast du schön gelernt. Hast du das auch erlebt?

DANIEL   Eher nicht.

ANNA   Aber es ist auch so klar, dass, wenn die christliche Substanz eine schöpferische, eine kreative Energie ist und in jedem Menschen lebt, jeder Mensch ein Schöpfer, ein Künstler ist. Das ist eine der zentralen Aussagen des **erweiterten Kunstbegriffs**. Das ist der letzte Schritt der Passion: Die Auferstehung im **erweiterten Kunstbegriff**: Die erstarrte, alte Gestalt wird umgewandelt in eine „lebendige, durchpulste, lebens-, seelen- und geistfördernde" Gestalt.[211]

DANIEL   Das will Beuys den Menschen nahebringen.

TOBIAS   Okay, Leute, eurer Argumentation konnte ich ja jetzt einigermaßen folgen. Aber das ist mir so was von fremd, das muss ich noch auf mich wirken lassen.

ANNA   Dann lasst uns noch mal über Leid sprechen. Mein Trost ist – es kann Heilung geben. Wunden können heilen – auch die nicht sofort sichtbaren, die seelischen. Dabei können Menschen einander unterstützen, können zusammenstehen, können füreinander da sein. Das ist doch höchst christlich. Leid ist eng mit Heilung verbunden. Heilung beginnt, wenn die Wunde erkannt ist. Heilung ist so zentral für Beuys! Der **erweiterte Kunstbegriff** hat heilende Wirkung. Unser Mit-Denken und Mit-Fühlen, unser Ringen mit Beuys. Die Auseinandersetzung transformiert uns, Mit-Leid kann Liebe wecken, kann Heilung schenken.[212]

DANIEL  Das erinnert mich an meinen Vater. Er hat sich manchmal ganz lang Fotos von **Feuerstätte I** angeschaut, da hatte er oft Tränen in den Augen. Das ging ihm richtig nah.

TOBIAS  Kraft und Kunst aus Leid und Schmerz schöpfen ist ja jetzt nicht gerade selten. Die ganze Popmusik ist voll von solchen Liedern. Und dass sich jemand nach einer Krise neu orientiert passiert ständig.

ANNA  Ja auch für Beuys waren seine zwei Jahre mit Krise und Depression eine zentrale Erfahrung. Sie habe ihn, wie er sagte, bis auf die körperliche Ebene hinunter umorganisiert.[213]

DANIEL  Wie sonst sollte er auf die Idee kommen zu fordern, sich in seiner Unvollkommenheit und Verletzlichkeit zu zeigen?

ANNA  All das ändert aber nichts daran, dass Menschen Menschen so viel Leid zufügen. Die Menschheit lernt einfach zu langsam und nur wenige sind wohl so große Mit-Fühler wie Beuys.

DANIEL  Die Menschheit lernt langsam und zieht noch langsamer die Konsequenzen daraus. Sonst

|         | würde heute niemand mehr über Klimaschutz diskutieren. |
|---|---|
| TOBIAS | *zu DANIEL* Du kannst dich noch erinnern? Kurzfristiges Denken in komplexen Systemen, das funktioniert nicht. Und es geht noch weiter: Ein System hat eigene Eigenschaften, die sich nicht aus seinen Bestandteilen erklären lassen. |
| ANNA | Was meinst du damit? |
| TOBIAS | Schau dir ein Gehirn an, Aufbau und Funktion erklären nicht, wie Bewusstsein entsteht. Bewusstsein ist eine Eigenschaft des Systems „Gehirn" – nicht seiner Teile. |
| DANIEL | Deshalb kann ein Teil auch nicht das Ganze erklären. Haben wir doch mal in der Schule gelernt |
| TOBIAS | Da ist ja doch was hängen geblieben. So wie eine Menge sich nicht selbst als Element enthalten kann, kann ein Teil nicht das Ganze erklären.[214] Das Ganze kann nur von einer übergeordneten Ebene aus erklärt werden, von einer Position außerhalb des Systems. |
| ANNA | Das bedeutet für uns? |
| TOBIAS | Dass niemand Sinn und Zweck dieser Welt kennen kann, da wir alle Teil dieses Universums, dieses Systems sind. Egal wie laut, lang und oft das jemand behauptet. Vielleicht gibt es einen Sinn, vielleicht auch nicht. Wir können es nicht erkennen, nicht erfassen, nicht wissen. |
| DANIEL | Bist du sicher?<br>Was wäre, wenn man durch Erleuchtung, durch |

| | |
|---|---|
| | Intuition Wesen und Sinn der Schöpfung erfassen könnte? |
| TOBIAS | Natürlich bin ich mir sicher. Der, der eine Erleuchtung hat, ist auch Teil des Systems. Wie soll eine Information über das System von außerhalb in das System gelangen? Und wer soll sie losschicken? Keine Chance. |
| ANNA | Angenommen, das stimmt. Müssten wir dann nicht alle Treuhänder der Erde sein? Bewahrer dieser Schöpfung? Womit wir wieder bei Beuys wären, der ja durchaus eine kosmische Perspektive hatte, wenn er sagt, dass er „der Erde doch nicht einfach Bewusstlosigkeit zusprechen" kann. Dass, „das Bewusstsein der Erde […] uns vielleicht verschlossen *(ist)*; aber sicher […] es größer als jenes des Menschen *(ist)*."[215] |
| DANIEL | Dann wäre ein Spruch meines Vaters doch noch nicht überholt. Er wollte immer „Partner der Evolution"[216] sein. |
| TOBIAS | Das klingt doch gut. Das klingt nach miteinander, das klingt nach intelligentem Handeln, das klingt nach Kooperation – Kooperation mit der Schöpfung. |
| ANNA | Beuys sprach ja auch „vom Beteiligen am Evolutionsprozess".[217] Davon, dass das, was untergründig passiert, „eine viel größere Kraft hat und vor allen Dingen das menschliche Bewusstsein entwickelt." Demgegenüber „ist die Geschichte der Ereignisse ganz oberflächlich."[218] |
| TOBIAS | Okay. Teil der Evolution sind wir ja sowieso. Was ist zu tun, um Partner der Evolution zu sein? |

**DANIEL** Die Antwort von Beuys ist ganz einfach: Wenn der Mensch seinen Job macht – denn die Götter haben den Job ja abgegeben – wenn er seine Freiheit und Selbstbestimmung in den Dienst der Schöpfung stellt, wenn er Verantwortung übernimmt, dann kann das Leiden der Natur überwunden werden.[219]

**ANNA** Und hoffentlich auch das der Menschen.

*Chor fegt und spricht*

**CHOR**
„[...] Es gibt gar keinen Grund dafür,
seine Fehler, Mängel oder Verzerrungen zu verstecken.
Daß es für die ganze Welt erst interessant und produktiv wird, wenn die Menschen sagen:
Ich habe nichts zu verbergen!
Die Wahrheit ist,
daß ich ein fehlerhaftes unvollkommenes Wesen bin.
Indem ich das dem anderen zeige,
entsteht ein kreativer Prozeß.
Diese Wunde, dieses Unvollkommene,
dieses Fragmentarische
muß man anschauen und dann weitergehen,
sich ergänzen lassen vom anderen.
Das gemeinsame Vorhaben bringt die Menschheit überhaupt erst in Gang."[220]

## 13  Frankfurt

*Auf der Bühne (oder einem Teil davon) sind Wäscheleinen gespannt. Der Chor hängt Wäschestücke auf.*[221]
*Währenddessen werden die Texte vorgetragen. Im Hintergrund eventuell Projektion verschiedener, passender Fotografien zu Frankfurt (Skyline, EZB) oder den Texten (Müllkippe, Plastik im Müll, ggf. Kontrast: blühende, intakte Natur).*
*Die Hauptdarsteller kommen zögerlich auf die Bühne. Der Chor fordert zum Wäsche aufhängen auf.*

**CHOR**
„Wenn ich aber rund um die Welt heute schaue,
dann stelle ich fest,
daß gerade die sogenannte Marktwirtschaft, […]
doch mindestens zwei Drittel der Welt
praktisch verhungern läßt."[222]
„Zwischen Bergwerk und Müllkippe erstreckt sich
die Einbahnstraße der modernen Industriezivilisation,
deren expansivem Wachstum
immer mehr Lebenslinien und -kreisläufe
des ökologischen Systems zum Opfer fallen."[223]
„[…] zu allem was heute so getan wird müßte man sagen:
Tu das nicht mehr!
Laß das sein!
Wenn er das nämlich sein läßt,
erblüht die Welt von selbst."[224]

*Den Abschluss dynamisch, variabel wiederholen. Text vortragen, einander zugewandt, in Richtung Hauptdarsteller, Publikum.*

Die Welt erblüht von selbst. Lass die Welt erblühen!
Lass die Welt und die Menschen erblühen!

ANNA — Dass wir auf unserer Tour mal Wäsche aufhängen, hätte ich nicht gedacht.

DANIEL — In der Installation **Basisraum Nasse Wäsche** dient die Herstellung von Seife als Symbol für Transformationsprozesse. Zu transformieren ist der Blutkreislauf der Gesellschaft, der Geld- und Wirtschaftskreislauf.

TOBIAS — Das sind aber wieder abenteuerliche Assoziationen. Wenigstens hab' ich jetzt eine Ahnung, warum wir in Frankfurt sind. Warum die Europäische Zentralbank? Die gab es zu Beuys Zeiten noch nicht.

ANNA — Wäsche aufhängen vor der EZB, wie cool. Das hat noch keiner gemacht.

DANIEL — Es hätte auch eine andere Bank sein können. Wir können nicht auf den Spuren von Beuys unterwegs sein, ohne über Geld und Kapital zu reden. Zwei entscheidende Sachverhalte – für ihn, für uns, für alle:
Geld ist nicht das Kapital einer Gesellschaft!
Die Qualität des Geldes muss sich ändern!

TOBIAS — Dass Geld nicht das Kapital einer Gesellschaft ist, ist uns doch inzwischen klar.

ANNA — Das Kapital einer Gesellschaft ist in den Köpfen und Herzen der Menschen. Kreativität und die Fähigkeiten der Menschen sind das wahre Volksvermögen und nicht Geld. „Nur aus der Kreativität des Menschen heraus können sich die Verhältnisse ändern."[225] Das ist Beuys! Wie sollen denn die vielen Probleme der Welt gelöst werden, wenn nicht durch die Ideen der Menschen.[226]

TOBIAS   Wenn man das ernst nehmen würde müssten Schulen und Universitäten Oasen an Atmosphäre, Ausstattung und Angeboten sein.

DANIEL   Ja, das würde zusätzlich motivieren. Ansonsten fallen mir ganz viele Herausforderungen ein, die man angehen könnte, statt jedes Jahr neue Smartphones auf den Markt zu werfen.

ANNA   Allein der Plastikmüll in den Meeren. Da verhungern Tiere, weil sie zu viel Plastik im Magen haben und zu wenig Nahrung. Das musst du dir mal vorstellen! Warum fährt noch keine Schiffsflotte übers Meer, die das Plastik herausfischt?[227] Wenn man die Meere leer fischen kann, kann man doch auch das Plastik herausfischen. Macht aber keiner.

TOBIAS   Noch ist die Erhaltung der Lebensgrundlagen kein Wert, taucht nicht in den Bilanzen auf. Noch hat der keinen Vorteil, der sich um die Welt bemüht. Noch sind wir keine Partner der Evolution. Da könnte man einiges umorganisieren.

ANNA   Und die Alten haben gepennt. Wer hat auf die Auto-Fahrverbote in den 70er Jahren reagiert? Auf die ersten Umweltschutzanstrengungen? Ausgelacht, zum Spinner erklärt wurden die frühen Grünen. Wie Beuys wegen seiner Kunst. Es ist wie beim **Gesamtkunstwerk Freie und Hansestadt Hamburg** – Jahrzehnte ungenutzt.

DANIEL   Ja, aber das waren doch die Anfänge der Grünen. Und Beuys war Gründungsmitglied, Antreiber und sogar einmal Spitzenkandidat für die

|  |  |
|---|---|
|  | Bundestagswahl[228]. Später wollten sie ihn dann aber nicht mehr und er hat sich zurückgezogen[229]. Da war er ihnen mit seinen Konzepten wohl zu exotisch. |
| TOBIAS | Womit kamen die nicht klar? Mit seinem Auftreten, der Dreigliederung oder seinem Verständnis von Kapital? |
| DANIEL | Ich bin mir nicht sicher. Vielleicht von allem etwas. |
| TOBIAS | Dreigliederung war:<br>• Geistesleben und Freiheit,<br>• Wirtschaftsleben und Brüderlichkeit,<br>• Rechtsleben und Gleichheit. |
| DANIEL | Ja, genau so! |
| ANNA | Aber der springende Punkt ist: Geld gehört – wundersamerweise – nicht in den Bereich der Wirtschaft, sondern in den Bereich des Rechtes. |
| TOBIAS | Und warum? |
| ANNA | Weil Geld kein Wirtschaftswert, kein Produkt sein soll. Weil Geld, also bedrucktes Papier – wie ein Vertrag – nur eine Verpflichtung zur Produktion oder Berechtigung für Gehalt darstellen soll.[230] |
| DANIEL | Und ganz grundsätzlich, weil Geld bestimmt, in welchem Umfang jemand am Wirtschaftsleben teilhaben kann. Die Teilhabe am Wirtschaftsleben ist aber etwas anderes als das Wirtschaftsleben selbst. Ob jemand teilhaben kann oder nicht, ist eine Rechtsfrage. Also letztendlich eine demokratische Frage und die gehört in den Bereich des Rechts.[231] Daher ist Geld ein Rechtsmittel, ein Rechtsgeschäft ohne eigenen Wert. |

**TOBIAS** Das heißt, das Geld müsste demokratisiert werden, um jedem Menschen die Teilhabe am Wirtschaftsleben zu ermöglichen.

**ANNA** Denn jeder Mensch ist nötig und soll ja bei der Gestaltung des sozialen Organismus mitwirken.

**DANIEL** Genau. Womit sich der Kreis schließt, denn zur Gestaltung des sozialen Organismus werden alle mit ihren Fähigkeiten benötigt. So entsteht die Fähigkeitenwirtschaft, die nur zwei Wirtschaftswerte kennt: Kreativität und das daraus entstehende Produkt.[232] Damit entfällt der Warencharakter des Geldes völlig.

**TOBIAS** Also ich hab' mal gelernt, dass Geld eine öffentliche und eine private Funktion hat: In seiner öffentlichen Funktion ist es als Tauschmittel nötig, um die Wirtschaft am Laufen zu halten. Der zweite, als privat bezeichnete Aspekt des Geldes ist sein Warencharakter. Geld kann als Ware auch gehandelt und gelagert werden.

**DANIEL** „Geld ist ein unlauterer Konkurrent zur Ware![233] Denn im Gegensatz zur Ware, die verdirbt, erhält das Geld nicht nur seine Position, sondern es nimmt durch den Zinssatz sogar immer noch an Wert zu."[234] Durch den Charakter als Ware kann Geld dem Wirtschaftskreislauf entzogen werden und steht dann – in seiner öffentlichen Funktion – als Treibstoff der Wirtschaft nicht mehr zur Verfügung.[235] Deshalb gibt es ja Zinsen als „Lösegeld der Gesellschaft an die Entführer des Geldes."[236]

ANNA    Diesen Warencharakter des Geldes gilt es zu unterbinden.

DANIEL  Das wäre die erste Stufe. „Die Befreiung des Geldes ist Bedingung für die Befreiung der Arbeit." Die „Befreiung, die den Waren- und Tauschmittelcharakter des Geldes überwindet" macht „es zur Funktionsbasis des Rechts, ja der Menschenrechte" und „bewirkt die Demokratisierung der Geldprozesse."[237]

TOBIAS  Es könnte auch umgekehrt sein. Denn die Finanzsysteme änderst du nicht so schnell – außer sie brechen zusammen. Aber die Veränderungen in Industrie und Verwaltung, da sind wir doch mittendrin. Arbeit muss neu gedacht werden, weil uns die Arbeit ausgeht[238] oder in manchen Bereichen die Menschen fehlen, die bereit sind diese Arbeit zu machen.

ANNA    Männer, wie rum ist doch egal. Anderes Geld und andere Arbeit gehören zusammen. Beuys suchte einen Weg zwischen Kapitalismus und Sozialismus. Damals wurde das „Der dritte Weg"[239] genannt.
Heute muss man da aber aufpassen mit der Bezeichnung, weil der Begriff inzwischen anders besetzt ist.[240] Besser ist vielleicht „Marktwirtschaft ohne Kapitalismus"[241].

TOBIAS  Wie soll so eine Marktwirtschaft ohne Kapitalismus aussehen?

ANNA    „Lebensdienlichkeit vor der ökonomischen Systemlogik. Die Wirtschaft ist bloß in einer den Menschen dienenden Stellung denkbar, als

|          | Subsystem in die Gesellschaft integriert,"[242] ohne Eigenzweck. |
|----------|---|
| TOBIAS   | Das wäre was Neues! Das würde die Verhältnisse umkehren. |
| DANIEL   | Und spätestens dann gibt es die Gelegenheit Arbeit und Einkommen zu trennen. Einkommen ist ein Menschenrecht, denn „das Einkommen kann nicht abgeleitet werden von der Arbeit,"[243] die an einem Produkt vollbracht wird. Der Anteil des Einzelnen am Produkt ist in einer arbeitsteiligen Gesellschaft nicht mehr nachzuvollziehen. |
| ANNA     | Das schreit nach bedingungslosem Grundeinkommen. Meinst du er hat die amerikanischen Ansätze zum Grundeinkommen[244] aus den 60ern gekannt? |
| DANIEL   | Keine Ahnung. Ich vermute eher nicht, denn Beuys argumentiert vom neuen Kapitalbegriff aus, dem die veränderten Geldfunktionen folgen. |
| TOBIAS   | Ihr erzählt mir, dass Beuys schon damals die gedanklichen Grundlagen gelegt hat, zu einer Diskussion, die erst jetzt wirklich stattfindet?[245] |
| ANNA     | *lacht* Ja, das haben wir gerade gesagt. |

*Chor hängt die Wäsche ab, fegt und spricht.*

**CHOR**
„Nach dem humanen Maßstabe
hat ein Mensch ein Anrecht, bezahlt zu werden,
weil er Mensch ist. [...]
Dann käme man eigentlich dahin,
daß das Einkommen eigentlich die Voraussetzung
für eine sinnvolle Arbeit des Menschen ist,"
daß das Einkommen eigentlich die
Voraussetzung für eine sinnvolle Arbeit des Menschen ist.[246]
„Alle heutigen Zwänge,
Ungerechtigkeiten und Frustrationen, die sich aus dem
Anachronismus des Lohnens der Arbeit ergeben,
werden damit hinfällig,
Gewerkschaften und Arbeitgeberverbände überflüssig."[247]

## 14  Ludwigshafen

*Projektion: Chemisches Labor*
*Ausschnitte (ohne Ton) aus dem Film „Kein Tag wie jeder andere"*[248]*:*
- *00:00:10 bis 00:00:35 Flug über Firmengelände*
- *00:12:11 bis 00:13:53 sowie 00:15:00 bis 00:15:20 Kameraschwenk über Laborgeräte*

ANNA    Wo sind wir denn hier gelandet?

DANIEL  Ludwigshafen und der Arbeitsplatz meines Vaters.

ANNA    Das hat aber nichts mit Beuys zu tun!

DANIEL  Schon. In Ludwigshafen hat für ihn alles begonnen: Mai 1980,[249] große Beuys-Ausstellung. Hier ist seine Begeisterung durchgestartet und ich konnte dem nicht wirklich ausweichen. Immer hatte er ein Poster mit „Beuys im Arbeitsraum"[250] in der Nähe seines Schreibtischs.

TOBIAS  Dein Vater war schon speziell, unkonventionell, einer der gern kreativ war, immer an neuen Ideen Interesse hatte. Sonst wäre er wohl auch nicht in die Beuys-Ausstellung gegangen.

ANNA    Der war doch damals so alt wie ich, oder?

DANIEL  Ja, kommt hin.

TOBIAS  Hat er dir was über die Ausstellung erzählt?

DANIEL  Ja, dass er sich, trotz Museumsatmosphäre, überraschend wohl gefühlt hat, zuhause, irgendwie angekommen, zwischen all den Werken von

|         | Beuys. Er meinte, er wäre inspiriert, angeregt und grinsend durch die Ausstellung gegangen. Vorbei am **Rudel**, an **Ich kenne kein Weekend**[251], an der **Rose**. |
|---------|---|

**TOBIAS** Das kann ich mir gut vorstellen. Eigentlich hat er gelebt, was Beuys sagte: „Jeder Mensch ist ein Künstler".

**ANNA** Aber er hat doch keine Kunst gemacht?

**DANIEL** Muss ja nicht. Es geht um Kreativität. Hier schießt sich der Kreis. Unsere Tour endet an dem Ort, an dem für meinen Vater und damit eigentlich auch für mich alles begann.
Dieser Arbeitsplatz ist ein Symbol für alle Arbeitsplätze aller Menschen. Mein Vater hat sich oft so verhalten, als gäbe es die Fähigkeiten-Wirtschaft schon. Für ihn war sein Arbeitsplatz wirklich ein Ort der Kreativität.

**TOBIAS** Aber das lag an seiner Einstellung, nicht am Arbeitsplatz.

**DANIEL** Vielleicht beides. Nur so bewahrheitet sich der Satz: „Jeder Mensch ist ein Künstler".

**ANNA** Eine ständig missverstandene Aussage.

**TOBIAS** Vielleicht wollten es viele auch nicht verstehen. Zumindest kann ich mir das nach unserer Tour vorstellen. Denn Kreativität setzt eine offene Haltung und Herangehensweise voraus.

**ANNA** Und das Gehalt darf nicht das Entscheidende sein. Wie du in Basel gesagt hast: „Es kommt darauf an, wer du wirst durch deinen Job!"[252] Alles Tun ist Arbeit für andere. Wir sind auf

|           | Vertrauen, auf Zusammenarbeit, auf ein gemeinsames Tun ohne Ausbeutung angewiesen. Wir sind aufeinander angewiesen.[253] |
|-----------|---|

DANIEL   Das ist die Basis kreativer Leistungen. Jeder kann jederzeit kreativ sein an der Stelle, an der er ist: am Arbeitsplatz, der Familie, dem Verein – überall. In jedem Kontext, an jedem Platz kann sich die Kreativität und das Potenzial des Menschen zeigen.

TOBIAS   Eigentlich sind Social-Media-Kanäle der beste Beweis dafür. 500 Stunden Videomaterial werden pro Minute auf YouTube hochgeladen[254]. Millionen Menschen leben ihre Kreativität auf YouTube oder anderen Plattformen aus.

DANIEL   Früher gab es diese Möglichkeiten nicht, das ist jetzt unsere Chance.

TOBIAS   Die Digitalisierung verändert alles. Jeder kann mit Rechner und Software Texte, Musik, Videos produzieren. Da entstehen ganze Akademien. Das Internet, YouTube sind voll von Anleitungen und Antworten auf „How to do"-Anfragen. In der Digitalisierung steckt eine unglaubliche Chance. Allein wenn ihr euch anschaut, woran geforscht wird, woran z.B. die Fraunhofer Institute arbeiten[255]. Ganz viele nützliche Sachen sind da am Entstehen.

ANNA    Nicht so schnell. Ganz schön einseitig deine Perspektive. Die Digitalisierung hat nicht nur die Kreativität befreit, sondern auch Dämonen geweckt. Die Umgangsformen sind schlecht, Überwachungsmöglichkeiten groß,

Cyberkriminalität die nächste Zukunftschance
für Banden. Überall herrschen Algorithmen,[256]
die wir nicht durchschauen oder beeinflussen
können. Wie viele Kohlekraftwerke sollen noch
in China gebaut werden, damit die großen Server
betrieben werden können? Neue Technologie mit
alter Energieerzeugung[257] – das ist der Untergang
des Klimaschutzes. Das kann für uns nicht
akzeptabel sein und Beuys hätte das auch nicht
gefallen.

TOBIAS  Lass uns neue Formen finden. Intelligentere
Lösungen.[258] Die Alten haben's verkackt.

DANIEL  Stopp! Wie war das mit dem Zähmen? Was
bringt dir dieses Urteil? Ja, viel läuft wohl in eine
ungesunde Richtung. Aber so wie Beuys sagte,
dass der Materialismus nötig war, um die Abhängigkeit von den Göttern zu überwinden,[259] so
war die technologische Entwicklung wichtig, um
jetzt das Solarenergiezeitalter zu beginnen. Jetzt
haben wir die technischen Möglichkeiten umzusteigen, jetzt ist die Chance zur Kursänderung.

TOBIAS  Gut, ich zähme mich. Aber die Digitalisierung ist
nicht verantwortlich für politische oder kriminelle Machenschaften oder die Gier von Menschen,
Konzernen, Organisationen. Wozu waren wir
unterwegs? Wozu habe ich gelernt, was das
wahre Kapital ist? Ich hätte vor ein paar Tagen
nicht gedacht, dass ich das jemals sagen werde:
Aber die Ideen von Beuys sind zukunftsfähig.
Basel, das war mein Ding. Wie organisieren sich
Menschen, wie findet man zu gerechten Entscheidungsprozessen? Lasst uns bewusst an der

sozialen Plastik arbeiten!
Lasst uns Europa zur zukunftsweisenden sozialen Plastik gestalten: friedlich, kooperativ, innovativ. Das ist unsere Möglichkeit: Ein leuchtendes Beispiel sein! Statt immer nur anderen zu sagen, was sie tun sollen und selbst nichts voran zu bringen.
Übrigens: Vor mir aus kannst du jetzt jeden Tag eine Rose auf den Tisch stellen.

*Während des folgenden Dialogs kommt der Chor auf die Bühne. Jeder hat einen Besen dabei. Der Chor beginnt die Bühne zu fegen. Das Fegen hört auf, wenn alle zusammen den letzten Chortext sprechen.*

**ANNA** *fröhlich* Ja, mach das! Damit wir uns erinnern, erinnern an diese Tour. Danke dafür!
*hüpft auf DANIEL zu, gibt ihm einen Kuss*
Das waren tolle Tage.
Jetzt würd' ich für mein Referat 15 Punkte bekommen. Mindestens!

**DANIEL** Wisst ihr, was mir klar geworden ist? Man muss wirklich mit der Klärung der Begriffe anfangen[260], so, wie Beuys immer gesagt hat. Und ich habe einen neuen Begriff gefunden: Wertschätzungsökonomie[261]!
Beuys hat 1969 davon gesprochen, dass wir in einem System der Vergeudungswirtschaft[262] leben. 1969! Was ist das dann heute? Bisher hat mir keiner der alternativen Begriffe gefallen: Nachhaltiges Wirtschaften, Gemeinwohlökonomie. Das trifft es alles nicht – nicht genau. Aber Wertschätzungsökonomie das trifft's! Wenn ich etwas wertschätze, achte ich es. Mit diesem

Begriff lässt sich alles hinterfragen! Alles! Wenn die Antwort auf die Frage nach der Wertschätzung immer JA lautet, verändert das die Welt. Darum werde ich mich kümmern!

*TOBIAS und DANIEL schauen fragend in Richtung ANNA.*

**ANNA** Ich ... ich mach weiter. Ich werde mutiger sein, mehr meiner Kreativität vertrauen, meiner Intuition. Wisst ihr, während es durch den Klimawandel auf der Welt immer wärmer wird, wird es zwischen den Menschen immer kälter. Deshalb ist es ganz einfach: Ich werde mich jeden Tag daran erinnern, ermutigen, erfreuen, dass es nur auf den Wärmecharakter im Denken ankommt!

**CHOR und Hauptdarsteller**
„Es kommt alles
auf den Wärmecharakter,"
den Wärmecharakter „im Denken an.
Das ist die neue Qualität des Willens."[263]

*Während des letzten Chortextes taucht in der Mitte der Bühne eine Flamme (nicht zu groß, verletzlich) auf. Chor und Hauptdarsteller stellen sich im Halbkreis um diese Flamme.*

**CHOR**
„Skulptur! [...]
Alles ist Skulptur,
rief mir quasi dieses Bild zu.
Und in dem Bild sah ich eine Fackel,
sah ich eine Flamme, und ich hörte:
Schütze die Flamme!"[264]

**CHOR und Hauptdarsteller**
*treten etwas weiter nach vorne*
Die Flamme lebt!
Lebt sie auch bei dir?
Ergreife die Flamme!


## ENDE

## 15 Hinweise zu Aufführung, Lesung, Stempel

**Aufführung**
Für den Aufbau des Stückes schien mir eine Art Roadmovie-Struktur am besten geeignet. Man unternimmt eine Reise, erlebt Dinge, gewinnt Erkenntnisse und verändert sich. In diesem Sinne steht das Stück in der Tradition der frühen Filme von Wim Wenders.
Für das Stück habe ich Städte und Themen kombiniert und diese in eine didaktische Reihenfolge gebracht. Der genaue Leser möge es mir nachsehen, dass daraus keine optimale Fahrstrecke, sondern ein verschwenderisches Kreuz und Quer entstanden ist. Vielleicht werden die Hauptdarsteller ja auch eher gebeamt statt mit klassischen Verkehrsmitteln bewegt. Wer weiß?
Da mir alle im Stück vorkommenden Städte, Aufhänger und Themen wichtig waren, hat das Stück nun eine Dauer von knapp drei Stunden (Text vorgetragen, siehe Tabelle). Wahrscheinlich werden nur die großen Fans das Stück in seiner Gänze aufführen. Jedoch wollte ich den Text nicht kürzen, sondern lieber das Stück als modular begreifen. Regisseure und Theater mögen sich frei fühlen, welche Städte, Szenen in ihre Inszenierung Eingang finden. Dabei sollte jedoch die hier vorgegebene Reihenfolge bestehen bleiben.
Als ergänzende Dokumentation bzw. schnellen Einstieg in Stück und Szenen kann eine Übersichts-Mind-Map zur Verfügung gestellt werden. Sollten Sie daran interessiert sein, sprechen Sie mich an.

**Dauer**

| | | |
|---|---|---|
| Eröffnung | 00:00:30 | |
| 1. Szene | 00:11:00 | |
| Darmstadt | 00:20:00 | |
| Kassel | 00:22:00 | |
| Stuttgart | 00:09:00 | |
| Hamburg | 00:06:00 | 01:08:30 |
| **100. Satz Sib. Symphonie** | **00:20:00** | |
| Basel | 00:16:00 | |
| Leipzig | 00:12:30 | |
| Düsseldorf | 00:17:00 | |
| München | 00:15:00 | |
| Frankfurt | 00:13:00 | |
| Ludwigshafen | 00:10:00 | 01:23:30 |
| **Gesamt** | | **02:52:00** |

**Pause**
Idealer Zeitpunkt für eine Pause ist nach dem 100. Satz der Sibirischen Symphonie.

**Projektion der erwähnten Kunstwerke**
Fotos erwähnter Beuys-Werke könnten an der entsprechenden Stelle (im Stück angegeben) im Hintergrund über dem Geschehen oder seitlich projiziert werden.
Eine Liste der erwähnten Werke mit Hinweisen auf Abbildungen finden Sie im folgenden Kapitel.
Ideal wäre, wenn ein Medienpaket mit Bildern der Werke für Aufführungen angeboten werden könnte.

**Bühne**
Jede Szene/Stadt beginnt mit einem neuen Setting.
Sollte der häufige Umbau zu aufwendig sein, wäre eine

Alternative alle benötigten Materialien und Requisiten bereits von Anfang an auf der Bühne zu haben, sodass nur noch wenige Teile vorab (z. B. eine Baumreihe in Kassel) gestellt werden müssten. In allen anderen Szenen können die Hauptdarsteller, ggf. der Chor die Materialien aufstellen und mit ihnen arbeiten.

In Erinnerung an die documenta 5 sollte in jeder Szene eine rote Rose auftauchen. Hingestellt, gemalt, in den Jacken des Chores – flexibel, vielfältig, unerwartet.[265]

**Lesung**
Gerne stehe ich für Lesungen zur Verfügung. Dabei können zwei bis vier Szenen unterbrochen mit dem 100. Satz der Sibirischen Symphonie und anschließender Pause vorgetragen werden.

**Stempel**
Joseph Beuys hat viele Stempel[266] benutzt.
Lassen Sie für Ihre Inszenierung einen Stempel anfertigen. Stempeln Sie Programmhefte, Eintrittskarten, Beuys-Bücher, dieses Buch. Es könnten auch die Darsteller, die den Chor spielen, in Kostümen vor/nach der Aufführung/in der Pause stempeln. Oder stempeln Sie als Werbeaktion in der Fußgängerzone, ggf. mit einem anderen Stempel als bei den Aufführungen.
Gleiches gilt auch für mich: Signierte Bücher werden auch gestempelt.

# 16  Liste der erwähnten Werke von Joseph Beuys

Die im Stück und den übrigen Kapiteln erwähnten Werke von Joseph Beuys (meist in Fettdruck) sind hier in der Reihenfolge ihrer ersten Erwähnung mit Seitenzahlen aufgelistet. Mit * gekennzeichnete Werke werden nur kurz im 100. Satz der Sibirischen Symphonie oder den Fußnoten erwähnt. Zu fast allen Werken von Joseph Beuys finden Sie Fotografien im Internet. Sollten Sie gedruckte Abbildungen bevorzugen, empfehle ich Ihnen die beiden umfangreichen Ausstellungskataloge **Parallelprozesse**[267] (PLP_K) und **Die Revolution sind wir**[268] (RSW), die antiquarisch in guter Qualität und – zumindest 2019 – noch preiswert erhältlich sind. Sind die erwähnten Werke in diesen beiden Ausstellungskatalogen abgebildet, sind die Seitenzahlen der Abbildungen hier aufgeführt. Beide Kataloge schätze ich sehr, da sie viele Informationen, eine Fülle von Abbildungen und ergänzende Artikel über Joseph Beuys bieten. Dabei ist der **Parallelprozesse**-Katalog biografisch aufgebaut, während der andere Ausstellungskatalog eine thematische Struktur hat.

| Kunstwerk | Seite | PLP_K | RSW |
|---|---|---|---|
| Silberbesen und Besen ohne Haare | 8 | | 75 |
| Szene aus der Hirschjagd | 10 | | 299 |
| Barraque D'Dull Odde | 10 | | 280 |
| Ohne die Rose tun wir's nicht | 10 | | 265 |
| Schneefall | 13 | 237 | |
| Röhrenherzen | 14 | | |
| Wie man dem toten Hasen die Bilder erklärt | 14 | 203 | 53 |

| | | | |
|---|---|---|---|
| Whisky-Werbung | 16 | | 253 |
| 7000 Eichen | 16 | 384 | 253ff |
| Doppelaggregat | 18 | | 201 |
| Block Beuys Raum 5 Vitrine 1 | 18 | | |
| Neptun | 27 | | |
| Schaf im Schnee | 27 | | |
| Radio | 27 | | |
| Gewitter | 27 | | |
| Zarenkrone Iwans des Schrecklichen | 38 | | 251 |
| Friedenshase | 39 | | 251 |
| Rudel | 39 | 322 | 208ff |
| Honigpumpe | 41 | 247ff | 245ff |
| *Aufruf zur Alternative | 42 | | 279 |
| Elastischer Fuß Plastischer Fuß | 46 | | 205 |
| dernier espace avec introspecteur | 46 | 353 | 199 |
| Gesamtkunstwerk Freie und Hansestadt Hamburg | 52 | 271 | |
| *Sibirische Symphonie 1. Satz, | 56 | | |
| *Eurasia Sibirische Symphonie 32. Satz, | 56 | 131 | 178 |
| *Eurasia Sibirische Symphonie 34. Satz, | 56 | | |
| *Celtic (Kinloch Rannoch) Schottische Symphonie | 56 | 96f | 128f |
| Palazzo Regale | 58 | 306ff | 22 |
| *Coyote. I like America and America likes me | 60 | 204ff | 304ff |
| *Manresa | 62 | | 160ff |
| *Der Chef | 62 | 212f | 36f |
| *ö ö Programm | 62 | | 133 |
| *und in uns ... unter uns ... landunter | 62 | 155 | 214f |
| *Sacro Cuore di Gesù | 62 | 90 | 158f |
| *Hirschdenkmäler | 62 | | 280 |
| *Hauptstrom und Fettraum | 62 | | 207 |
| *Voglio vedere i miei montagne | 62 | | 149 |

| | | | |
|---|---|---|---|
| Feuerstätte | 73 | | 209f |
| Eurasienstab | 74 | 125ff | 186ff |
| Omnibus für direkte Demokratie | 82 | | |
| Heimholung | 87 | 223 | 137 |
| Blitzschlag mit Lichtschein auf Hirsch | 89 | 290ff | 126f |
| Stripes from the House of the Shaman 1964–1972 | 89 | 192ff | |
| Straßenbahnhaltestelle | 89 | 242ff | 46ff |
| *Das Kapital Raum 1970–1977 | 92 | | 268f |
| *Kukei, akopee-Nein! | 92 | 174 | 167 |
| Besetzung Sekretariat | 93 | 195 | 136 |
| Schmerzraum | 97 | | 40 |
| Zeige deine Wunde | 97 | 238ff | 79ff |
| *Infiltration Homogen für Konzertflügel | 98 | 368 | 104f |
| *Erdtelefon | 104 | 320 | 70 |
| Basisraum Nasse Wäsche | 107 | | 42f |
| Ich kenne kein Weekend | 115 | | 35 |
| *Vor dem Aufbruch aus dem Lager I | 130 | 256ff | 281 |
| *Das Ende des 20. Jahrhunderts | 130 | 272 | 292ff |

## 17 Ergänzende Hinweise zu Joseph Beuys

Im Folgenden finden Sie einige ergänzende Daten und Hinweise zu Joseph Beuys. Auf eine klassische Biografie habe ich bewusst verzichtet, diese finden Sie jederzeit in der Literatur oder im Internet. Vielmehr habe ich die ergänzenden, z.T. biografischen Hinweise, wie das Theaterstück, verschiedenen Städten zugeordnet.

**17.1 Einige biografische Daten**
Joseph Beuys wurde am 12. Mai 1921 in Krefeld geboren, wuchs in Kleve auf, besuchte dort das Gymnasium. Nach dem Abitur meldete er sich 1941 als Freiwilliger zur Luftwaffe, überlebte 1944 einen Flugzeugabsturz auf der Krim. Nach kurzer englischer Kriegsgefangenschaft kehrte er im August 1945 nach Kleve zurück.
1947 begann er mit dem Studium an der Düsseldorfer Kunstakademie. Er beendet sein Studium 1953 als Meisterschüler von Ewald Mataré. Bedeutend in dieser Zeit war die Begegnung mit den Gebrüdern van der Grinten aus Kranenburg. Die Brüder, einige Jahre jünger als Beuys, kauften ihm, finanziert mit ihrem Sonntagsgeld, erste Werke ab. Die Gebrüder und die Familie (besonders Frau van der Grinten während der Beuys'schen Krisenjahre 1956/1957) unterstützen und begleiteten Joseph Beuys lebenslang. Im Stall ihres Bauernhofes hatte er 1953 seine erste Ausstellung, weitere sollten folgen.[269]
Im September 1959 Heirat mit Eva Wurmbach.
1961 Geburt des Sohnes Wenzel.
1964 Geburt der Tochter Jessyka.
Von 1961 bis 1972 war Joseph Beuys Professor für monumentale Bildhauerei an der Kunstakademie Düsseldorf. 1975 erlitt er einen Herzinfarkt, gefolgt von einer dreimonatigen Auszeit aus dem Akademiebetrieb.

Am 23. Januar 1986 starb Joseph Beuys wenige Tage nach Verleihung des Wilhelm-Lehmbruck-Preises in seinem Atelier in Düsseldorf.

## 17.2 Darmstadt
Darmstadt ist seit 1970, der Einrichtung der „Sammlung Ströher" im Hessischen Landesmuseum 1970 für Beuys und seine „Fans" gleichbleibend wichtig. Joseph Beuys hat die Präsentation seiner Werke selbst betreut und nach Ausstellungen in anderen Museen auch selbst wieder aufgebaut. 1989, wurde der **Block Beuys** von der Hessischen Kulturstiftung und der Kulturstiftung der Länder erworben und in der Originalanordnung unverändert präsentiert.

Die Werke von Joseph Beuys veranlassen seit dem Tod des Künstlers immer wieder zu Diskussionen um deren Erhalt, Konservierung oder Restauration sowie den originalen Aufbau der Installationen. So wurde auch die Sanierung der Beuys-Räume in Darmstadt von einer intensiven öffentlichen Diskussion begleitet, die 2008 in einem Hearing ihren Höhepunkt fand und in einer eigenen Publikation hervorragend nachgelesen werden kann.[270] Ein weiteres besonderes Dokument rund um den **Block Beuys** sind die Erinnerungen des langjährigen Restaurators Günter Schott.[271]

## 17.3 Kassel
Kassel – die Stadt mit der größten und bedeutendsten Ausstellung zur zeitgenössischen Kunst, der documenta[272]. Die documenta findet alle fünf Jahre (früher alle vier Jahre) für 100 Tage (Museum der 100 Tage) statt.

Zur documenta wird man vom jeweiligen Kurator eingeladen. Joseph Beuys wurde fünfmal eingeladen,[273] was nur wenigen Künstlern ermöglicht wird.

Die documenta-Beiträge von Joseph Beuys bezeichnet

Johannes Stüttgen als „plastisch-logische Einheit".[274] Sie entwickeln sich von Zeichnungen und Plastiken über Rauminstallationen und Diskussionsräumen zu einem das Museum verlassende, die Stadt eroberndes Großkunstwerk der **7000 Eichen**. Dieser letzte Beitrag war nicht nur räumlich von ungeahnter Größe, sondern auch zeitlich, denn der erste Baum wurde vom Künstler selbst gepflanzt, der letzte Baum erst fünf Jahre später (Joseph Beuys war inzwischen verstorben) bei der darauffolgenden documenta (d8) durch seinen Sohn.

Eine Randnotiz zu Kassel: Kassel war bis zur deutschen Einheit Sitz des Bundesarbeitsgerichtes. Dort wurde am 7.4.1978 entschieden, dass die fristlosen Kündigungen (1972) von Joseph Beuys als Professor an der Düsseldorfer Kunstakademie durch das Land NRW nicht rechtens und damit unwirksam waren. Dieses Urteil öffnete den Weg zum abschließenden Vergleich zwischen dem Land NRW und Joseph Beuys.[275]

## 17.4 Basel
Eine Stadt mit bedeutenden Beuys-Ausstellungen, Kunstwerken und mindestens einem wichtigen Kurator, Dieter Koepplin, der Joseph Beuys viele Jahre begleitete und unterstützte.

## 17.5 Düsseldorf
Studium, Professur, Atelier, Wohnung – die Stadt Düsseldorf ist wohl unstritten die zentrale Stadt in Joseph Beuys Leben.

Auch in Düsseldorf ansässig war die, für Joseph Beuys wichtige, Galerie Schmela, in der einige seiner Aktionen (**Wie man dem toten Hasen die Bilder erklärt**) statt- und Installationen (**Barraque D'Dull Odde**) Platz fanden.

Die Kunstsammlung NRW beherbergt seit 1992 die letzte große Rauminstallation von Joseph Beuys: **Palazzo Regale**.

### 17.6 München
1976 Installation von **Zeige deine Wunde**. Der spätere Ankauf des Werkes wurde von Armin Zweite, Kurator und späterer Direktor der Städtischen Galerie am Lenbachplatz, initiiert. Seit 2012 befindet sich dort auch die Rauminstallation **Vor dem Aufbruch aus dem Lager I**. Als Teil der Vortragsreihe „Reden über das eigene Land: Deutschland" hielt Joseph Beuys am 20.11.1985 in den Münchner Kammerspielen seine Rede **Sprechen über Deutschland**. Die vorletzte große Rede vor seinem Tod. In der Pinakothek der Moderne findet sich die Installation **Das Ende des 20. Jahrhunderts**. Auch zum Umzug dieses Werkes gibt es eine umfangreiche Dokumentation.[276]

### 17.7 Ludwigshafen
Ludwigshafen, das Wilhelm-Hack-Museum, war eine der vier Städte (Bonn, Braunschweig, Ludwigshafen, Graz), die die umfangreiche Beuys-Ausstellung „Multiplizierte Kunst" zeigte. Meine räumliche Nähe zu dieser Stadt, meiner Geburtsstadt, ermöglichte mir auf einfache Weise den Besuch der Ausstellung.

### 17.8 Stuttgart, Hamburg, Leipzig, Frankfurt
Zu diesen Städten wurde alles Wesentliche in der jeweiligen Szene gesagt.

# 18 Anmerkungen

1. Siehe DIL: Titelseite, Abb.: 10, 14, 20.
2. Siehe Johannes Stüttgen: Die documenta-Beiträge von Joseph Beuys als plastisch-logische Einheit (von innen betrachtet). DOC_A S. 8–32.
   Johannes Stüttgen erwähnt in seiner Beschreibung der documenta Erlebnisse mit Beuys, dass bei der documenta 5 Beuys immer als Erster kam und als Letzter ging und das nicht ohne jeden Abend den Raum gefegt zu haben. Also fegen wir auch.
3. Siehe das Multiple „Silberbesen und Besen ohne Haare" MUL S. 94, Multiple 62.
4. AKT S. 363, Gespräch mit den Autoren.
5. Block Beuys Darmstadt, Raum 2: Szene aus der Hirschjagd, 1961. Abb.: BB_DA S. 27.
6. Galerie Schmela, Düsseldorf 1971.
7. Abb.: Ohne die Rose tun wir's nicht, DOC_A S. 111 o. S. 20, oder „Ohne die Rose tun wir's nicht, da können wir gar nicht mehr denken." PLAK 101.
8. Museum Schloß Moyland, Bedburg-Hau. Museum zeitgenössischer Kunst, Forschungszentrum zu Joseph Beuys, Sitz des Joseph Beuys Archivs. https://www.moyland.de/museum.html.
9. Teil der Ausstellung „… irgendein Stang …" Galerie Schmela, Düsseldorf 1965. Heute in Basel. Siehe JBB_FS S. 12.
10. Heribert Schulz: Röhrenherzen. BSKB S. 18–24, Farbabb.: NMF Tafel 10.
11. Eine immer wiederkehrende Diskussion im Umgang mit der Kunst von Joseph Beuys. Frau Thönges-Stringaris ist ähnlicher Meinung wie Daniel. Siehe DUS S. 26f.
12. Aktion „Wie man dem toten Hasen die Bilder erklärt" Galerie Schmela, 1965.
13. DE_B S. 15–19.
14. Siehe z. B. Seemanns Lexikon der Ikonographie.
15. Siehe Block Beuys.
16. JMK S. 23.
17. https://www.youtube.com/watch?v=APXhp0Ly5NE. Aufgerufen im Juli 2018.
    Eine Abbildung des Werbeplakates findet man in ZSS S. 72.
18. Joseph Beuys: „Durch Menschen bewegen sich Ideen fort, während sie in Kunstwerken erstarren und schließlich zurückbleiben." Aus der Werbung des FIU-Verlages, Achberg.
19. Abb.: BB_DA S. 21 oder PLP_K S. 221.
20. GMB S. 130/131.

21 Anspielung auf die besondere Persönlichkeit und Geschichte des an Krebs gestorbenen Fußballfans Jonathan (Johnny) Heimes und „seinem" Verein Darmstadt 98. Siehe z. B. https://de.wikipedia.org/wiki/Jonathan_Heimes oder https://www.zdf.de/dokumentation/37-grad/du-musst-kaempfen-johnny-junger-sportler-kaempft-gegen-100.html.
22 Eine Beschreibung der Vorgänge rund um den Block Beuys findet sich bei Heiner Stachelhaus STH S. 225–242.
23 Gleicher Meinung ist auch Günter Schott, Restaurator (1969–2010) am Hessischen Landesmuseum Darmstadt. Siehe BB_EGS S. 45.
24 Barbara Gronau (SBB S. 169) weist darauf hin, dass die Räume dem Konzept der ästhetischen Erfahrung von Beuys folgen: Chaos/Unbestimmtheit – Bewegung – Form/Bestimmtheit. Wer sich dieser Erfahrung aussetzen möchte, folgt der Nummerierung. Tobias natürlich nicht.
25 Belegte Formulierung. Siehe STH S. 233.
26 In einem Kaffeehausgespräch vom 27.1.1983 erwähnt Joseph Beuys kurz den Protest der Wella Mitarbeiter und der Familie von K. Ströher. Siehe GMB S. 115. Die Formulierung „Glanz auf der Locke" findet sich an der angegebenen Stelle. Hintergrundinformationen zu diesem Gespräch siehe BK_MAR 420, S. 439.
27 Raumplan in SBB S. 169, oder direkt vom Museum.
28 Siehe Inge Lorenz: Zur Gesamtinstallation des Block Beuys in Darmstadt. VBB_DA S. 10.
29 Raum 3: Doppelaggregat 1958–1968. Abb.: BB_DA S. 47, 48.
30 Der Hinweis auf eine Schreibtischunterlage findet sich auch in LDZ S. 88. Die hier weitergehende Interpretation ist allein Sache von Tobias.
31 Siehe z. B. Magdalena Holzhey: Ich durchsuche Feldcharakter. Zur Analogie zwischen naturwissenschaftlichen und gesellschaftlichen Transformationsprozessen. In PLP_S S. 146–159 oder Joseph Beuys: Ich durchsuche Feldcharakter. HRS_SP S. 121ff.
32 Raum 2: Szene aus der Hirschjagd ‚1961. Abb.: BB_DA S. 27.
33 AKT S. 18: Joseph Beuys: „Mit anderen Kindern wurden regelrechte Exkursionen veranstaltet, wir legten Sammlungen an und machten diese öffentlich zugänglich."
34 Siehe auch den Artikel zur Berliner Ausstellung von Petra Kipphoff: Die Zeit vom 26.2.1988.
35 Siehe z. B. Inge Lorenz: Zur Gesamtinstallation des Block Beuys in Darmstadt. VBB_DA S. 9-18.
36 Block Beuys Darmstadt, Raum 5, 1. Vitrine, Abb.: BB_DA S. 60.
37 Gewitter 1957.
38 Radio 1961, Detailabbildung in DE_B S. 44.

39 Siehe z. B. Barbara Gronau: >>[...] so dass der Zuschauer in eine Situation hineinkommt [...]<< Der Block Beuys als Installation. SBB S. 167–174.
40 Für die leichtere Verständlichkeit als Chortext umgestelltes Zitat. Siehe DOC_A S. 10. Originaltext: "Ich erkannte, daß Wärme (Kälte) überräumliche plastische Prinzipien waren, die bei Formen: der Ausdehnung und Zusammenziehung, dem Amorphen und Kristallinen, dem Chaos und Geformten entsprachen. Gleichzeitig erhellte sich mir im exaktesten Sinne das Wesen der Zeit, der Bewegung, des Raumes."
41 Beuys Beitrag zur documenta 7, 1982.
42 Rainer Rappmann in einem Vortrag, Ladenburg 28.6.2019.
43 Für Joseph Beuys ging der Nutzen von Bäumen weit über das Wohlfühlen hinaus: „Ich bin ja kein Gärtner, der Bäume pflanzt, weil Bäume schön sind. Nein, ich sage, die Bäume sind heute ja viel intelligenter als die Menschen. Wenn der Wind durch die Kronen geht, dann geht zu gleicher Zeit durch die Krone, was die leidenden Menschen an Substanz auf die Erde gebracht haben. Das heißt, die Bäume nehmen das längst wahr. Und sie sind auch schon im Zustand des Leidens. Sie sind entrechtet. Sie wissen das ganz genau, dass sie entrichtet sind. Tiere, Bäume, alles ist entrechtet. Ich möchte diese Bäume und diese Tiere rechtsfähig machen." CD_M S. 59.
„Die Bäume sind nicht wichtig, um dieses Leben auf der Erde aufrecht zu erhalten, nein, die Bäume sind wichtig, um die menschliche Seele zu retten. [...] Diese Erde kann zu Bruche gehen. Aber wenn die Erde in dem Zustand zu Bruch geht, wie sie jetzt ist, dann ist die menschliche Seele in Gefahr. Das einzige was sich lohnt aufzurichten, ist die menschliche Seele." CD_M S. 61.
„Nur die Seele muss gerettet werden, aber warum pflanzt man dann Bäume? Das tiefste Geheimnis!" GKZH S. 515.
44 STH S. 70.
45 Alle Schlagzeilen aus UMS_A. Kursiv = Ergänzung von mir.
46 Der Spiegel 45/1979, Titelseite.
47 Eine andere Beschreibung: „zirkulierendes Wärmezeitwesen zwischen Kosmos und Erde"
Pia Witzmann in DOC_A S. 248.
48 Siehe Interview von Theo Altenberg mit J. Beuys in DOC_A S. 254.
49 DOC_A S. 233.
50 Gespräch mit B. Blume und H.G. Prager am 15.11.1975. Abgedruckt im Tagungsband zur documenta 6 Bd. 1 S. 156/157.
51 Siehe Armin Zweite. NMF S. 37.
52 STH S. 183.

53 Foto: Joseph Beuys mit Zarenkrone. 30J_7000E S. 91.
54 Beschreibung von Johannes Stüttgen. 30J_7000E S. 89.
55 Laut Veit Loers in DOC_A S. 257 hat Beuys dem Restaurantbesitzer die Krone „abgeschwatzt".
56 Während der documenta 7 ausgestellt in einer Vitrine DOC_A S. 259, heute in Stuttgart.
57 The pack (das Rudel), 1969. Heute in der Neuen Galerie, Kassel.
58 Siehe Zitat von Joseph Beuys in Eva-Maria Gillich: The pack (das Rudel) in NG_KS S. 16.
59 Frau Gillich bezeichnet den VW Bus als „nicht mehr betriebsfähig". Was den deutlichen Widerspruch von Tobias hervorruft, der der Meinung ist, dass man die Betriebsunfähigkeit am Bus selbst nicht erkennt. Eher auf der Seite von Tobias finden sich dann C. Weber und R. Thönges-Stringaris in EK_EP S. 112.
Wichtig in diesem Kontext erscheint, mir auch zu bemerken, dass Joseph Beuys viel an der Wirtschaftspraxis und dem Kapitalismus kritisiert hat, jedoch die Errungenschaften moderner Technik nicht abgelehnt hat. Wie beim Kunstbegriff geht es auch bei der Technik um deren Erweiterung. Siehe KiK S. 59 und KiK FN 67.
60 Die Einzelteile der Installation stehen heute im Louisiana Museum in Humlebæk, Dänemark.
61 Beuys Beitrag zur documenta 6, 1977.
62 Siehe z. B. https://steiner.wiki/Soziale_Dreigliederung,_der_Mensch_und_die_Pflanze. Aufgerufen Sept. 2019 oder EK_EP S. 47.
63 Ausführlich dargestellt von V. Loers, P. Witzmann in DOC_A S. 157 – 167.
64 Siehe Johannes Stüttgen DOC_A S. 25.
65 Das damalige Programm der FIU ist abgedruckt in DOC_A S. 186.
66 Siehe z. B. LDZ S. 87.
67 Johannes Stüttgen in DOC_A S. 23.
68 JMK S. 93.
69 Siehe Joseph Beuys, Aufruf zur Alternative (AZA).
70 KiK S. 89f.
71 Siehe z. B. KiK S. 59. Joseph Beuys: "Die Menschheit ist angelegt auf Erweiterung ihrer Technologie. Dem kann man zustimmen, wenn man unter der Technologie etwas versteht, was auf einer anderen Ebene sich nun vollziehen muss. Das ist wichtig."
Ebenfalls KIK S. 59: „Wir meinen, daß der Reichtum verwaltet werden kann, dann, wenn man unter Reichtum nicht nur materiellen Reichtum versteht, sondern die erweiterte Produktion des Lebens mit Ideen, Geist und Kunst versteht. Deshalb legte ich einen gewissen Wert darauf, daß die Grundstimmung doch technisch sein möge. Dann allerdings erscheint ein anderer Begriff der Technik als

der, der einfach fix sich eines materialistischen Wissenschaftsbegriffes bedient, der alles auf die technische Verwertbarkeit und Machbarkeit reduziert und eine Technologie in die Welt setzt, die gegen den Menschen sich bereits richtet. Also ein gewandelter Begriff der Technik, der evolutionär energetisch ist, ist durchaus in der Richtung der zukünftigen Verwaltung eines unendlichen Reichtums angelegt und nicht etwa eines Nullwachstums in absoluter Weise."
72 Siehe z. B. BB_DA S. 9. Joseph Beuys: „Auch heute noch liegt mir sehr viel daran, den Menschen klarzumachen, daß sie mit allen Lebewesen verbunden sind, mit den Tieren auf der Ebene des Gefühls, den Pflanzen mit ihrem Element des Lebens, und dann das tote Umfeld, das sich zum Beispiel in Steinen und Knochen darstellt. Ich war sehr daran interessiert, eine Verbindung herzustellen zu den unteren Stufen des Bewußtseins in dieser Welt."
73 Beschreibung mit Abbildungen DOC_A S. 257ff.
74 Auf die hier vorgeführte Weise wurden immer wieder Bäume beschädigt oder zerstört. So am 31.5.1986 56 Eichen. Nachzulesen in DOC_A S. 237 oder 30J_7000E (Foto S. 122).
75 Neben 3827 Eichen, 1086 Eschen, 651 Linden, 549 Platanen und anderen Bäumen wurde auch 1 Ginkgo gepflanzt. Hoffentlich ein männliches Exemplar. DOC_A S. 236.
76 CD_M S. 61.
77 DOC_A S. 248.
78 NMF S. 52.
79 JB_KH1 S. 20.
80 Elastischer Fuß Plastischer Fuß, 1969.
81 Je nachdem von welcher Seite man den Eckraum betritt entsteht eine andere Perspektive: Kommt man von der Seite und läuft geradeaus in den Raum (vorbei an den Füßen) steht man dem Rückspiegel des „dernier espace" gegenüber. Meines Erachtens ist dies die eigentliche Betrachtungsposition. Allerdings wird man – wie die Hauptdarsteller auch erfahren - von dieser Position häufig von den Aufsehern vertrieben, da man aus Sicht des Aufsichtspersonals wohl dem Kunstwerk zu nahekommt. Bleibt die Frage von Daniel: „Warum wurde das so installiert?"
82 Das komplette Ensemble wurde nach der documenta von J. W. Fröhlich für 777000 DM gekauft und als Dauerleihgabe an die Staatsgalerie Stuttgart übergeben. DOC_A S. 259.
83 Erstmals installiert 1982, Galerie Anthony d'Offay, London.
84 „Hinter dem Knochen wird gezählt – Schmerzraum", 1983. Galerie K. Fischer, Düsseldorf.
85 Palazzo Regale, 1985, Museo di Capodimonte, Neapel.
86 TGB S. 209. Aus einem Interview mit Richard Demarco zum Projekt 7000 Eichen.

87 Die Deutung der französischen Begriffe stammt aus TGB S. 209. Karin v. Maur: Die Entstehungsgeschichte des Stuttgarter Beuys-Raumes. TGB S. 202–213. Verkürzt auch zu finden in NMF S. 31f.
88 TGB S. 209.
89 Nach A. Zweite stammt der Spiegel aus einem schweren Verkehrsunfall von Joseph Beuys aus dem Jahr 1967. NMF S. 32.
90 Ähnlich z. B. GK_FHH S. 7.
Spülfelder sind Flächen auf denen ausgebaggerter Elbsand (zum Erhalt der Fahrrinne) aufgespült wird. Altenwerder war ein Fischerdorf, das zu diesem Zweck geräumt wurde. 1984, als Beuys das Konzept der Aktion formulierte, war der Elbschlick mit Schwermetallen stark belastet. Siehe die Projektbeschreibung GK_FHH S. 26.
91 beide Zitate aus der Projektbeschreibung GK_FHH S. 27.
92 GK_FHH S. 11
93 GK_FHH S. 41.
94 Jedoch nicht vergessen, wie die Ausstellung „Alles im Fluß – Ein Panorama der Elbe" im Altonaer Museum für Kunst und Kulturgeschichte vom 15.11.2006 – 15.11.2007 zeigt. Auch dort wird das Beuys Projekt thematisiert.
95 M_OPK S. 48. Dieser Gedanke wird in der Szene München wieder aufgegriffen: Partner der Evolution werden.
96 Ende 2018 bei der Arbeit an dem Theaterstück war der Historiker Yuval Noah Harari mit zwei seiner Bücher auf der Sachbuchbestsellerliste. Leicht fällt es mir Herrn Harari zuzustimmen, wenn er schreibt:
„Die Menschen diskutieren seit Jahrtausenden über den Sinn des Lebens. Wir können diese Debatte nicht endlos fortsetzen. Die sich anbahnende ökologische Krise, die wachsende Bedrohung durch Massenvernichtungswaffen und das Aufkommen disruptiver Technologien werden das nicht erlauben." Harari (2018b) S. 13.
Deutlich schwieriger fällt es mir mich mit seinen sicherlich fundierten und scharfsinnigen Entwürfen für die Zukunft abzufinden. Gerade das Ende des menschenzentrierten Weltbildes „Humanismus" genannt und die damit einhergehende Bedeutungslosigkeit des Individuums ist nicht leicht zu verdauen. Ein wenig war es diese düstere Prognose, die mich gerade diesen 100. Satz sehr menschenzentriert gestalten ließ. Natürlich im Bewusstsein und – wie ich glaube – im Sinne von Joseph Beuys. Obwohl ich Joseph Beuys nie kennenlernte, spricht, meines Erachtens, seine Liebe, Achtung und Respekt für den Menschen und die Schöpfung aus seinem Werk. In diesem Sinne möge dieses Stück und gerade dieser 100. Satz ein Kontrast sein gegen die, eher düsteren, Prognosen Herrn Hararis.

2018 hatte darüber hinaus einen, für das Theaterstück wichtigen, Jahrestag zu bieten: Den 40. Jahrestag der Veröffentlichung des „Aufrufs zur Alternative" (AZA) in der Frankfurter Rundschau vom 23.12.1978. Ein Aufruf, dessen Diagnosen vielleicht ein wenig in seiner Entstehungszeit verhaftet sind, dessen Kernaussagen jedoch aktueller denn je sind. Für mich war, bei den Vorarbeiten zum Stück, die Wiederentdeckung des Aufrufs eine der besonderen Stunden, die mich in meiner Arbeit für dieses Stück bestärkten und motivierten.

97 Nachgeschlagen auf www.duden.de.
98 SIB S. 10.
99 UMS_A S. 26: Sibirische Symphonie 1. Satz.
100 EDW S. 119–127.
101 UMS_A.
102 Die Requisiten orientieren sich an den Vitrinen von Palazzo Regale. Abb.: NMF S. 249–253.
Auf jeden Fall sollten auf den Tisch gelegt werden: Fellmantel, Becken, Kopf, Muschel, eigentlich ein Gehäuse, Tritonshorn, (Trompetenschnecke). Neben den Tisch könnten gestellt werden: Rucksack, mit Filz ummantelter Spazierstock, Fettstück (Speckschwarte).
103 GKZH S. 503.
104 Originalwortlaut: „Der Palast, den wir zuerst erobern und dann würdig zu bewohnen haben, ist der Kopf des Menschen, unser Kopf". BZE S. 92, STA 202, PLAK S. 154, ZDW_B S. 193.
105 BZE S. 51.
106 BZE S. 426.
107 BZE S. 419.
108 BZE S. 504.
109 Aktion „I like America and America likes me". Galerie René Block, 23. – 25. Mai 1974.
110 BZE S. 482.
111 HOM S. 12.
112 BZE S. 515.
113 Zentrale Frage der Aktion ‚Manresa'. Siehe z. B. RSW S. 174f, CD_M S. 151, BN_HSZ 247f.
114 Siehe die Aktionen „Der Chef" und „ö ö Programm" z.B. in UMS_A S. 68ff und S. 202ff.
115 Die zu Musikstück 4 vorgetragenen Texte stammen aus 3 Quellen:
- Textgruppen beginnend mit „Joseph Beuys ... Verkünder, Hüter, Kurator ..." sind von mir.
- Aussagen in der Form „Christus, Erfinder Begriff" stammen von den Herz-Jesu-Bildchen, Sacro Cuore di Gesù (1971) siehe RSW S. 158, 159 oder https://de.wikipedia.org/wiki/Heiligstes_Herz_Jesu.

- Die Aussagen im Format „Begriff = der Mensch (h)" stammen aus der Partitur der Aktion „und in uns ... unter uns ... landunter". Siehe z. B. UMS_A S. 89.
Anmerkung: Bei Beuys steht die Abkürzung (h) für human, Mensch. „h" ist aber auch das Zeichen des Planckschen Wirkungsquantums. „Das Plancksche Wirkungsquantum, oder die Planck-Konstante „h", ist das Verhältnis von Energie und Frequenz eines Photons, [...]" (www.wikipedia.de, aufgerufen Dezember 2019).
Dieser Zusammenhang ist nicht zufällig. Beuys schreibt in der Partitur zur Aktion: „[...] die Formeln von Planck und Einstein bedurften dringend der Erweiterung, da sie ohne diese auch nur Raumhypertrophie zu erzeugen in der Lage sind. Der Wert h läßt sich aus der Planck-Formel als >Der Mensch< identifizieren. h ist der Wert, auf den alle Zukunft zuläuft." UMS_A S. 89.

116 Siehe z. B. BN_HSZ S. 313ff. Dieter Koepplin: „Hirschdenkmäler und Zwergendenkmäler im Werk von Joseph Beuys." In BSKB S. 24ff. Johannes Stüttgen: „Hirschdenkmäler". In ZSS S. 148ff.

117 "Stripes from the House of the Shaman" 1964–1972. Galerie Anthony d'Offay, London 1980. Siehe z. B. PLP_K S. 194f.

118 Siehe z. B. UMS_A S. 166ff, LDZ S. 121ff, HS_FR.

119 Eine sehr gelungene Übersicht über die Verwendung des Begriffs für Ausstellungen und Statements findet sich in AKT S. 185ff. Zur Begriffsklärung siehe DOC_A S. 18f.

120 Siehe z. B. BN_HSZ S. 297f. Den Vortrag von Joseph Beuys „Eintritt in ein Lebewesen" in HRS_SP S. 123ff.

121 Ausstellung im August 1971, Eindhoven: „Voglio vedere i miei montagne", („Ich will meine Berge sehen"). Der Ausstellungstitel zitiert einen Ausspruch des Malers G. Segantini getätigt an seinem Todestag (28.9.1899). AKT S. 274.

122 Der Dialog wurde entwickelt auf Basis der Beschreibung der Vorgänge durch Dieter Koepplin in JBB_FS S. 122–137.

123 Es waren 29 Stäbe. Die Ungenauigkeit bei der Anzahl ist beabsichtigt.

124 THE HEARTH (Feuerstätte) 1968–1974. Seit 1977 in Basel.

125 Ebenfalls beabsichtigter Fehler. Nach Koepplin ging ein Großteil der Ankaufsumme an die Galerie Ron Feldmann New York. JBB_FS S. 122.

126 Um das Interesse von Joseph Beuys an der Basler Fasnacht zu wecken, wurde tatsächlich eine Schallplatte mit Märschen an ihn geschickt. Beuys zeigte sich offen für die Ideen der „Alti Richtig" und empfing eine Delegation von vier Fasnachtern in Düsseldorf. Beuys Idee war, die Fasnachter sollten in Filzanzügen (Multiple von 1970) und mit Stäben durch die Straßen ziehen. Dem stimmte die

Fasnachtsgesellschaft zu. Nach dem Umzug wurden in Anwesenheit von Joseph Beuys Anzüge und Stäbe an das Basler Museum übergeben und „Feuerstätte II 1978–1979" gestaltet.
127 CDs mit „Basler Fasnachtsmärsch" sind hier erhältlich: https://schlebach.ch/de/326-CDs (aufgerufen 02/2019) Videos mit Basler Guggemusik finden sich mehrfach auf YouTube z. B.: https://www.youtube.com/watch?v=_7W-umZk7Qc (aufgerufen 02/2019).
128 Diese ordentliche Schichtung ist wichtig. So liegen die Anzüge auch in der Originalinstallation. Dadurch werden negative Assoziationen an achtlos aufeinander geworfene Kleidung (Anstalts- oder KZ-Kleidung) vermieden. Ein entsprechender Hinweis findet sich bei Beate Elsen, SPI_BE S. 100. Die präzise Schichtung der Anzüge widerspricht meines Erachtens dieser Assoziation.
129 Joseph Beuys: „Ich kann mich noch gut erinnern, daß ich mich jahrelang verhalten habe wie ein Hirte, das heißt, ich bin herumgelaufen mit einem Stab, einer Art ‚Eurasienstab', wie er später auftaucht, und hatte eine imaginäre Herde um mich versammelt. Ich war richtiggehend ein Hirte, der alles auskundschaftet, was in der Umgebung vorging." AKT S. 18.
130 Siehe die Ausführungen von Bettina Paust in EP S. 267.
131 Berger (2018) S. 236.
132 Berger (2018) S. 61.
133 Siehe z. B. B. Strauch, A, Reijmer (2018).
Für weitere Informationen zur Soziokratie: https://soziokratiezentrum.org, https://www.sociocratie.nl, https://soziokratiezentrum.de.
Der Begriff Soziokratie kommt von Auguste Comte. Entscheidend für seine Weiterentwicklung und Ausgestaltung waren zwei Niederländer. Der Reformpädagoge Kees Bocke, der an seiner Schule erste soziokratische Prinzipien einführte und einer seiner Schüler, Gerard Endenburg, ein Ingenieur der die Soziokratie in seinem Unternehmen eingeführt hat und mit kybernetischen und systemischen Ansätzen erweiterte.
134 Beuys documenta 5 Beitrag: Büro der Organisation für direkte Demokratie, siehe DOC_A.
135 Zu demokratischen Entscheidungsprozessen siehe JB_KH1 S. 48f: „Und ich glaube, da kommt man auf ein wichtiges Moment der Demokratie zu sprechen. Demokratie, solange sie sich durch Mehrheitsverhältnisse vollzieht, ist keine vollkommene Demokratie. Denn dort werden immer durch Mehrheiten Minderheiten überstimmt. Und es wird dadurch behauptet, die Mehrheit hätte Recht. Was natürlich überhaupt nicht sein braucht. Also, das wäre auch nicht das Ziel der Demokratie - es kann es nicht sein. Ein zu

schaffendes Gesetz sollte nicht einfach per Mehrheit beschlossen werden, sondern unter demokratischen Gesichtspunkten so lange diskutiert werden, bis es zu einem Konsensus kommt. Also der Konsensus ist das anzustrebende Ziel, deshalb ist der Konsensus auch Grund des Vertrauens."

136 Zumindest würde folgende Aussage von Joseph Beuys Anna bestätigen: „Da haben Sie zweifellos recht, daß ‚Mehrheit' noch nicht ‚Demokratie' bedeutet. Die ideale Demokratie wäre dann da, wenn Menschen in anstehenden Fragen zu einem Konsensus kommen würden, wenn sie lange genug über ein Problem diskutiert haben und in der Diskussion nicht eher enden, bis sie zu einem Konsensus gekommen sind, so daß man nicht durch Hand-Aufheben eine Minderheit überstimmen muß." DNDDM S. 67.

137 Siehe z. B. HRS_SP S. 32.

138 HRS_SP S. 109.

139 EURASIENSTAB 82 min fluxorum organum. 2. Juli 1967, Wien. Siehe z. B. UMS_A S. 186–202.

140 Joseph Beuys: „In diesem Sinn stellt jede Kupferstange eine Persönlichkeit mit ihren Meinungen dar, jede hat ihren Beitrag zu leisten. Einheit im Unterschied. [...] Ein Holzwägelchen, das genauso aussieht wie das, mit dem ich als Kind gespielt habe, transportiert einen auseinander genommenen Eurasienstab und alle Ideen, die er verkörpert. Jeder von uns schleppt etwas Persönliches mit sich herum, [...]." DDN S. 160.

141 Permanente Konferenz siehe z. B. GKZH S. 421, KEB S. 12, M_OPK.

142 Für das Stück rhythmisiertes Zitat. Aufruf zur Alternative (AZA).

143 GMB S. 99.

144 JMK S. 59.

145 Bei YouTube findet sich z. B. der Film „Montagsdemonstration Leipzig 16.10.1989" von Aram Radomski https://www.youtube.com/watch?v=8NktAN7pTac (aufgerufen Februar 2019). Evtl. auch geeignet sind Szenen aus dem Film ‚Nikolaikirche' von Frank Beyer (1995).

146 AKT S. 361/362.

147 Dem würde Joseph Beuys meines Erachtens uneingeschränkt zustimmen. Denn: „Eine Gesellschaftsordnung wie eine Plastik zu formen, das ist meine und die Aufgabe der Kunst. Sofern der Mensch sich als Wesen der Selbstbestimmung erkennt, ist er auch in der Lage, den Weltinhalt zu formen." HRS_SP S. 107.

148 Stiftung Haus der Geschichte der Bundesrepublik Deutschland, Bonn. Dokument: „Aufbruch 89 Neues Forum". Lebendiges Museum Online. https://www.hdg.de/lemo/bestand/objekt/dokument-aufbruch-89.html (aufgerufen Juli 2019).

149 AKT S. 287.
150 TGB S. 93.
151 GKZH S. 505.
152 HRS_SP S. 107.
153 KEB S. 12.
154 AZA.
155 Die Westparteien hatten 7,5, Millionen DM in den Wahlkampf investiert. bpb (2010) Lehrerblatt 3.
156 Honigpumpe am Arbeitsplatz: Der Honig wurde vom Fuß- und Willensbereich zum Kopfbereich des Denkens, zum Herzbereich des Empfindens gepumpt. Gesellschaftlich entspricht die Pumpe der Wirtschaft, der Herzbereich dem Recht und der Kopfbereich dem Denken. Arbeit verbindet alles.
157 BN_HSZ S. 98f.
158 KEB S. 14.
159 Rainer Rappmann in HRS_SP S. 13.
160 DOC_A S. 84.
161 DOC_A S. 84.
162 Johannes Stüttgen: Omnibus für direkte Demokratie in Deutschland – gemeinnützige GmbH für Direkte Demokratie. www.omnibus.org.
163 Seit den Abstimmungen häufen sich die Vermutungen über Manipulationen beider Entscheidungen durch „Präzisionspropaganda" mittels Social Media Kampagnen. Siehe z. B. Dirk Laabs: ZDFzoom „Angriff auf die Demokratie" ZDF 2019. https://www.zdf.de/dokumentation/zdfzoom/zdfzoom-angriff-auf-die-demokratie-102.html.
164 Siehe z. B. HRS_SP S. 33.
165 GMB S. 131.
166 Der letzte Satz lautet vollständig: „dann wird man nach einem Weg suchen müssen, der nach dieser Methode die Aufgaben löst." Mit Methode ist das Creator-Prinzip gemeint: „Es ist herzuholen aus der Fähigkeit des Menschen, ein Creator zu sein, das heißt: ein schöpferisches Wesen." DOC_A S. 127.
167 JBD S. 62.
168 STH S. 117.
169 Einfügung von mir. Wegen Auslassung eines vorangegangenen Satzes erforderlich.
170 Zitiert nach STH S. 111/112. Der Wortlaut der Kündigung wurde gekürzt. Das, in der Kündigung als Beginn des Dienstvertrages angegebene Datum, 12. März 1969, wurde entfernt, da dadurch der Eindruck entstehen könnte, Joseph Beuys sei erst seit diesem Datum Professor an der Kunsthochschule gewesen. Tatsächlich wurde er bereits 1961 auf den Lehrstuhl für Monumentalbildhauerei

berufen und mehrfach mit befristeten Verträgen (weiter) beschäftigt. Das, in der Kündigung angegebene Datum ist der Beginn des letzten befristeten Vertrages.

171 JBD S. 130.
172 JBD S. 167.
173 JBD S. 148.
174 Beuys Beitrag zur 37. Biennale, Venedig 1976. Siehe z. B. PLP_K S. 242f.
175 „Blitzschlag mit Lichtschein auf Hirsch", 1958–1985. Siehe z. B. PLP_K S. 290f.
176 "Stripes from the House of the Shaman 1964–1972". Galerie Anthony d'Offay, London 1980. Siehe z. B. PLP_K S. 192ff.
177 Joseph Beuys: „Dann komme ich ja wieder in so ein Urteil hinein, in ein Verurteilen. Im Gegenteil, man soll ja alle ermutigen, alle. Das ist wichtig. [...] Immer positiv reden, nicht urteilen. Manchmal muß man natürlich auch ein paar harte Worte sagen, aber nach Möglichkeit soll man sich davor hüten." CD_M S. 67.
178 A. de Saint-Exupèry, Der kleine Prinz, 21. Kapitel: Freundschaft mit dem Fuchs. Siehe https://www.derkleineprinz-online.de.
179 A. de Saint-Exupèry, Der kleine Prinz, 21. Kapitel: Freundschaft mit dem Fuchs. Siehe https://www.derkleineprinz-online.de.
180 Diese Formulierung findet sich im Untertitel des Buches zur Rauminstallation „Das Kapital Raum 1970-1977". DKR_V. Dazu im Buch (S. 21f) die Beschreibung des Wandels von der Einheit der Sinne zur Dominanz des Optischen. Siehe auch: Hauptstrom und Fettraum. Ein Lehrstück für die fünf Sinne (HS_FR).
181 Siehe z. B. BZE S. 83. Joseph Beuys: „Da aber Kunst an einem andern Entwicklungspol des Menschen arbeitet, sein Sensorium, das heißt seine Sinnesorganisation so bearbeitet, daß erstens einmal die Sinnesorganisation, die gegenwärtig entwickelt ist beim Menschen, erhalten bleibt und gepflegt bleibt, daß sie zweitens aber verpflichtet ist, neue Sinnesorgane hinzuentwickeln, das ist der Punkt, der mehr und mehr diskutiert werden muß in dem Sinne, als man fragen muß, welche neuen Sinnesorgane muß der Mensch durch die Konfrontation mit der Kunst sich entwickeln, mit den Begriffen der Kreativität sich erarbeiten, damit er eines Tages mehr Welt wahrnimmt als nur einen Ausschnitt von Welt."
182 Celtic (Kinloch Rannoch) Schottische Symphonie: August 1970, Edinburgh; April 1971, Basel. UMS_A S. 266ff.
183 Aachen: Festival der neuen Kunst. 20. Juli 1964. Kukei, akopee-Nein!, Braunkreuz, Fettflecken, Modellfettflecken. UMS_A S. 42ff.
184 Z. B. in RSW S. 175.

185 Die Vorgänge mit Abbildung vieler Originaldokumente sind ausführlich beschrieben in JBD.
186 Joseph Beuys: „Ich sage immer, die ganze Welt tendiert dahin, eine große Akademie zu werden. Das heißt, das geistige Moment bekommt eine immer größere Bedeutung. Auch im Zuge der weiteren Entwicklung der Technologie wird der Mensch mehr und mehr von seinen Arbeitsplatzbedingungen befreit, und er hat also das Freizeitproblem vor sich. Das heißt, in dieser Freizeit könnte er sich mit der Entwicklung seiner Kreativität, das heißt seiner die Dinge bestimmenden Möglichkeit befassen." JMK S. 88.
187 Joseph Beuys: „Das wird also immer realer, daß man die Einrichtungen des Wirtschaftslebens, also dessen Arbeitsplätze, zu Universitäten macht. Die Lösung des Problems ist die, die Unternehmensstrukturen in der Wirtschaft [...] zu Universitäten umzuformen." AKT 1986, S. 364.
188 Siehe z. B.
- Bericht über das Innovationszentrum von Merck in FAZ Beruf und Chance „Raum für Ideen" 31.3./1.4.2018.
- Pressemappe von Bosch zum Forschungscampus. Download unter https://www.bosch-presse.de/pressportal/de/de/forschungscampus-renningen-100224.html.
189 Change Magazin, Hrsg. Bertelsmann Stiftung, Gütersloh, Heft 1, 2017: Digitalisierung. Artikel über Amsterdam „Ganz schön smart ..." S. 25–30. Sachverhalt beschrieben auf S. 28. Als Anregung in diesem Kontext sicher auch interessant: Hüther (2013).
190 SD S. 21. Für das Stück rhythmisiertes Zitat.
191 30J_7000E S. 5.
192 „Zeige deine Wunde" München 1974/75.
Siehe z. B. PLP_K S. 240f.
193 WÜ Abb. 146.
194 Dr. Jürgen Kolbe beschreibt in SD S. 5-8 die Situation und die Diskussionen über den Ankauf von „Zeige deine Wunde" durch die Stadt München. In diesem Zusammenhang zitiert Dr. Kolbe aus einem Brief des Bürgermeisters Zehetmeier, welches hier wiedergegeben wird.
195 SD S. 7.
196 Joseph Beuys: „Wer sich einmal anstrengt solches wahrzunehmen, der sieht im Leiden ständig eine Quelle der Erneuerung. Es ist eine Quelle von kostbarer Substanz, die das Leiden in die Welt entläßt. Da sieht man: es ist wohl eine unsichtbar-sichtbare sakramentale Substanz." CD_M S. 59.
197 Siehe z. B.: ZIN S. 44. Joseph Beuys: „Leiden und Mitleiden sollte nicht beim Menschen entstehen aufgrund von biografischen Ereignissen, nicht, sondern leiden und mitleiden sollte ja an und für

sich jeder Mensch können, das heißt, er sollte so durchlässig und so offen sein, daß er das kann; zum Beispiel, wenn man von der sozialen Fähigkeit des Menschen spricht, da muss man ja wissen, daß Leiden und Mitleiden eigentlich die Voraussetzung dafür sind, daß man zu einem sozialen Wesen wird. [...] Ich glaube, die Fähigkeit von Leiden und Mitleiden, die bringt man doch als Mensch mit auf die Welt, das würde meines Erachtens zum Persönlichkeitskern gehören."

Das Thema Leid findet sich in vielen Werken des Künstlers. So z. B. im späten Schmerzraum von 1983 oder in der frühen Aktion „Infiltration Homogen für Konzertflügel, der größte Komponist der Gegenwart ist das Contergankind" von 1966.

Zu dieser Aktion schreiben AKT (S. 159f):

„Die Erfahrung von Leiden impliziert als eine Grunderfahrung irdischen Lebens einen auslösenden Charakter in bezug auf Ausweitung. Sie vollzieht sich in Richtung auf einen umfassenden Existenzbereich, den Beuys als einen fluktuierenden Entstehungs- und Vergänglichkeitsprozess sieht, in dem sich Zeit und Raum und deren bewußte Setzung durch den Menschen konkretisieren.

Das Contergankind, bestimmt durch Leiden, subsumiert dessen Funktion, indem es den ganzen komplexen Zusammenhang des Lebens in sich vereint. Dadurch, daß diese Zustände in ihm zusammengelegt (lat.: componere) erscheinen, kann es als Paradigma spiritueller Existenz gelten, als ‚der größte Komponist der Gegenwart'."

198 AKT S. 19.
199 CD_M S. 55.
200 D_M S. 57.
201 Wurzel des Mit-Leidens könnte, wie Franz Joseph van der Grinten es nennt, das Erdhafte von Joseph Beuys sein: „Das Erdhafte ist nicht von ungefähr. Beuys ist sehr erdhaft. Er ist zwar seiner Herkunft nach selbst nicht Bauer, aber er ist von seiner Anlage her ein Mensch des bäuerlichen Lebenskreises. Sein Verhältnis zu den Dingen, sein Verhältnis zu den Tieren, zur Erde, zu den Steinen und zu den Pflanzen ist ein sehr unmittelbares. [...] Es ist eine Einheit mit der Natur, dem Kreatürlichen, die sehr weit getrieben ist, [...]."
VDG_ZJB S. 20.
202 GKZH S. 245.
203 CD_M S. 59.
204 GW_S S. 22.
205 GW_S S. 31.
206 Bibel: Matthias 28,20 zitiert aus GW_S S. 31.
207 GW_S S. 31.
208 Friedhelm Mennekes in BSKB S. 232.

209 Nach Charlotte Rørth (2018) ist Jesus wohl gleicher Meinung. „Ich verlasse mich auf dich" ist seine Botschaft an C. Rørth.
210 CD_M S. 57, S. 69, S. 35.
211 CD_M S. 73.
212 Interessant dazu die Argumentation von Antje von Graefennitz: Im Namen der Freiheit – und des Mitleids. PLP_S S. 80.
213 Siehe Kapitel „Depression" in STH S. 63–70.
214 Eine Menge kann sich nicht selbst als Element haben (Russel/Whitehead). Kurz und treffend dargestellt in EK_EP S. 61f.
215 EG S. 103. Joseph Beuys geht in dem zitierten Gespräch noch weiter: „Vielleicht kann das übertroffen werden, wenn wir uns vereinigen können, d. h. wenn die Menschen das zukünftige Ziel nicht nur im Einzelnen sehen, sondern in der Idee der Menschheit schlechthin. Dann könnte das ein Planet sein, der das Bewusstsein der gegenwärtigen Planeten überbietet, [...]"
Rüdiger Sünner verweist bei seiner Interpretation des „Erdtelefons" in ZDW_B S. 98 auf die inzwischen stärker gewordene „Kommunikation zwischen menschlichen und nicht menschlichen Lebensbereichen." Er verweist in diesem Zusammenhang auf die Gaia Hypothese von James Lovelock (ohne ihn explizit zu erwähnen), die die Erde als ein sich selbst organisierendes Lebewesen begreift sowie auf Lynn Margulis (Die andere Evolution, Heidelberg 1999) FN 63, S. 202.
James Lovelock wurde am 26.7.2019 100 Jahre alt. Ein Interview mit ihm über seine verschiedenen Arbeiten findet sich in der FAS vom 21.7.2019.
Sehr interessant in diesem Kontext ist auch eine Perspektive von Rudolf A. Schnappauf. Schnappauf (1992) stellt in seinem Buch „Bewusstseinsentwicklung" (in Anlehnung an Peter Russel, The Global Brain) die These auf, dass bisher Evolutionssprünge bei jeweils 10 Milliarden Einheiten (Atome, Nervenzellen, o.a.) zu beobachten waren. Es somit bei 10 Milliarden Menschen zu einem weiteren Evolutionssprung kommen könnte, der die Menschheit zu einem „globalen sozialen Super-Organismus" integriert, der „harmonisch, synergetisch" zusammenwirkt. S. 66.
Für mich ein Argument, dass es sinnvoller sein könnte Lösungen zu suchen, wie die Bedürfnisse von 10 Milliarden Menschen erfüllt werden können, ohne den Planeten zu ruinieren, als das Bevölkerungswachstum zu beklagen.
Auch systemtheoretische Ansätze kommen zu dieser Einschätzung. Z. B. Schurz (2006): „Auch das Bewusstsein ist ein Systemzustand unseres Gehirns, der eine kognitive Selbstrepräsentation ermöglicht. Somit tritt Bewusstsein als Systemzustand eines genügend komplexen Systems in Erscheinung. Möglicherweise ist es mit der

Zahl der Neuronen im Gehirn korreliert." S. 51/52.
Bei der Frage einer sowohl planeten- als auch menschengerechten Ernährung scheint mir das, im Januar 2019 veröffentliche, Konzept einer „Planetary Heath Diet" der EAT-Lancet Commission ein Meilenstein zu sein. Siehe z. B. (aufgerufen Sept. 2019):
https://www.zeit.de/wissen/gesundheit/2019-01/nachhaltige-ernaehrung-planetary-health-diet-gesundheit-klimaschutz
https://www.bzfe.de/inhalt/planetary-health-diet-33656.html
https://www.daserste.de/information/wissen-kultur/w-wie-wissen/videos/ernaehrung-video-108.html
This report was prepared by EAT and is an adapted summary of the Commission Food in The Anthropocene: the EAT-Lancet Commission on Healthy Diets From Sustainable Food Systems.
The entire Commission can be found online at thelancet.com/commissions/EAT.

216 „Partner der Evolution sein" ist ein Ausdruck meines Kollegen Dieter M. Hörner (www.positiv-factory.de). In einer seiner Seminarübungen geht er so weit, dass die Teilnehmenden sich vorstellen den eigenen Herzschlag mit dem Herzschlag des Universums (ein Universum als Organismus hat das) zu synchronisieren.

217 DE_B S. 20/22.

218 EG S. 103.

219 KUS S. 139.

220 EIM S. 208.

221 Anspielung auf die Installation „Basisraum Nasse Wäsche" Wien 1979. Beuys erläutert in einem Gespräch über die Installation die Herstellung von Seife und spricht der Seife einen schützenden und vermittelnden Charakter zu. Im Gegensatz dazu die durchdringende Wirkung einer Säure. Beuys erkennt in dieser Polarität ein Modell gesellschaftlicher Transformation und setzt den chemischen Vorgang in Bezug zu dem Geld- und Wirtschaftskreislauf, dem ‚Blutkreislauf der Gesellschaft'. Meine Kürzesterläuterung hier basiert auf der Beschreibung von M. Holzhey in PLP_S S. 154 oder LDZ 141f. Eine weitere Beschreibung der Aktion mit Fotos findet sich in SUO S. 290f und RSW S. 42f.

222 SD S. 25. In der Mitte um folgenden Satz gekürzt: „die behauptet, den menschlichen Bedarf viel besser zu befriedigen als eine bedarfsorientierte Wirtschaft," Satzwiederholung zur Betonung.

223 AZA.
Ergänzend dazu eine andere, frühe Stimme: „[...] hier haben wir es mit einem Steppenbrand zu tun, der Pflanzen, Tiere, Kulturen, Sprachen, Kunstwerke, Aquädukte, uralte Techniken und essentielles Wissen verzehrt. Selbst ‚Steppenbrand' ist noch ein viel zu hübsches Bild – die zerstörerische Kraft ist ein blinder Reduktionismus,

der auf den hohlen, mittelfristigen Erwartungen von Effektivität und Profit beruht: eine miserabel schale und engstirnige Ansicht menschlicher Natur; [..]" Gary Snyder (1980) S.9.
224 CD_M S. 49.
225 HRS_SP S. 104.
226 Dazu passt natürlich die Standortinitiative der Bundesregierung und der deutschen Wirtschaft (BDI) anlässlich der Fußball WM 2006 „Deutschland – Land der Ideen", mit folgender Kernaussage auf der Homepage: „Ideen sind unser wertvollster Rohstoff, ein Garant für eine lebenswerte Zukunft." www.land-der-ideen.de (aufgerufen August 2019).
227 Die Schiffsflotte fährt noch nicht. Aber verschiedene Ansätze das Plastikmüllproblemen in den Meeren anzugehen gibt es natürlich. Exemplarisch dafür zwei allgemeinere Fundstellen im Internet (aufgerufen Februar 2019):
https://www.planet-wissen.de/technik/werkstoffe/kunststoff/pwie-plastikimmeer100.html.
https://www.zeit.de/wissen/umwelt/2018-07/plastik-meer-tiefsee-nordpazifik-muellstrudel-oekosystem/seite-3.
228 1980: Direktkandidat in Düsseldorf und Spitzenkandidat der Grünen in NRW. JBD S. 175.
229 1983: Im Vorfeld zur Bundestagswahl. JBD S. 184.
230 Als „Arbeitswertschein" wurde die, in den Jahren 1932/33 - bis zu deren Verbot - ausgegebene alternative Währung (nach S. Gesell) in Wörgl bezeichnet. Das Experiment von Wörgl ist mit Sicherheit der bekannteste Versuch mit einer alternativen Währung. Siehe z. B. Schwarz (2019) oder den Spielfilm „Das Wunder von Wörgl" von Urs Egger (2018) sowie die Dokumentation von BR und ORF „Der Geldmacher: Das Experiment des Michael Unterguggenberger" Thomas Reider, 2019.
231 Die Argumentation von Anna folgt J. Stüttgen „Die soziale Plastik und der ökologische Geldkreislauf" in PLP_S S. 237.
232 Siehe WIG S. 50f.
233 Joseph Beuys: „Also: Im kapitalistischen System verbleibt das Geld ein Tauschmittel, eine Ware. Man kann darüber spekulieren wie man will: Es bleibt eine Ware." WIG S. 48.
234 WIG S. 61.
235 Einer der wichtigen Ansatzpunkte neuerer bzw. wieder diskutierter Wirtschafts- und Geldkonzepte wie Freiwirtschaft (nach S. Gesell) oder fließendem Geld. Siehe z. B. Berger (2004) oder DVD „Lust auf neues Geld".
236 Senf (2014) S. 43.
237 SD S. 23. Für einen klareren Vortrag wurden die Verben im Zitat umgestellt. Originalwortlaut: „[...] die Befreiung des Geldes ist

Bedingung für die Befreiung der Arbeit. Diese Befreiung, die den Waren- und Tauschmittelcharakter des Geldes überwindet und es zur Funktionsbasis des Rechts, ja der Menschenrechte macht, bewirkt dann die Demokratisierung der Geldprozesse."

238 Joesph Beuys hatte schon auf der documenta 5, 1972 darüber gesprochen: „Auch im Zuge der weiteren Entwicklung der Technologie wird der Mensch mehr und mehr von seinen Arbeitsplatzbedingungen befreit, und er hat also das Freizeitproblem vor sich. Das heißt, in dieser Freizeit könnte er sich mit der Entwicklung seiner Kreativität, das heißt seiner die Dinge bestimmenden Möglichkeit befassen. Das muß man ihm sozusagen vorentwickeln durch Beispiele, was dabei herauskommt. Beispielsweise, daß er sich als Mensch erst dann richtig erlebt. So wird die Entfremdung überwunden." JMK S.88f.

239 Der dritte Weg wird von Beuys im Aufruf zur Alternative (AZA) beschrieben. Siehe BN_HSZ 103ff. Laut BN_HSZ S. 104 waren Wilfried Heidt und Peter Schata Koautoren des Aufrufs (AZA). Von W. Heidt gibt es ein Buch gleichen Titels „Der dritte Weg" Heidt (1974).
Der Text der Aufbauinitiative „Aktion Dritter Weg" findet sich abgedruckt in DDN S. 789–821.
Einen identischen Ansatz ebenfalls mit der Bezeichnung „Dritter Weg" findet sich auch in Publikationen der Integrativen Wirtschaftsethik siehe z. B. Ullrich/Maak (2000) S. 19. Die Konzepte der integrativen Wirtschaftsethik scheinen einige der Positionen von J. Beuys fortzuschreiben. Als Standardwerk zur Integrativen Wirtschaftsethik siehe Ullrich (2016).

240 Siehe https://de.wikipedia.org/wiki/Der_III._Weg:
„Der III. Weg (auch: Der Dritte Weg, Kurzbezeichnung: III. Weg) ist eine rechtsextremistische Kleinstpartei. Sie wurde am 28. September 2013 unter maßgeblicher Beteiligung ehemaliger NPD-Funktionäre und Aktivisten des im Juli 2014 verbotenen Freien Netzes Süd (FNS) gegründet. Sie gilt als Versuch, das FNS unter dem Schutz des Parteienprivilegs weiterzuführen. Das Bundesamt für Verfassungsschutz hat einen deutlichen Einfluss von Neonazis in der Partei festgestellt." (aufgerufen August 2019).

241 Buchtitel: Wirth (2003): Markwirtschaft ohne Kapitalismus.

242 Beide Zitate aus Wirth (2003) S. 13.

243 JB_KH1 S. 62.

244 Siehe DVD: Christian Tod: „Free Lunch Society: Komm Komm Grundeinkommen".

245 Siehe z. B. die Bücher von Götz Werner oder https://www.mein-grundeinkommen.de/ bzw. deren Buch: Bohmeyer (2019).

246 KiK S. 85, Verdopplung zur Betonung.

247 AZA.
248 https://www.youtube.com/watch?v=ThMlg3RxVxM Metacon München, BASF 1991
Oder Ausschnitte aus Lehrfilmen z. B. https://www.youtube.com/watch?v=t5-cuqLCDX4 oder
https://www.youtube.com/watch?v=74LYrE_4x4w (aufgerufen Ende 2018).
249 In der Ausstellungshandreichung des Wilhelm-Hack-Museums, Ludwigshafen ist die Ausstellung vom 4.5. – 22.6.1980 datiert. Der Katalog zur Ausstellung (MPK) gibt in 4. Auflage für Ludwigshafen das Jahr 1978 an.
250 FIU Verlag, Erscheinungsdatum nicht bekannt. Im Verlagskatalog von 1995 bereits verzeichnet.
251 Multiple von 1971/72. Im Deckel eines Aktenkoffers sind eine Flasche Maggi und die Reclam Ausgabe von Kants Kritik der reinen Vernunft montiert. Siehe z. B. MUL S. 87, Multiple 51.
252 Berger (2018) S. 236.
253 Einige der zentralen Punkte dieser Thematik.
Die in der vorangegangenen Szene zitierte Aussage „Einkommen ist Voraussetzung einer Arbeit" und die Aussage, dass die „Konzentration auf die Tätigkeit wichtiger als das Gehalt ist" (Letzteres passt übrigens zu Berger, siehe Business Reframing) geht nach Christa Weber (EK_EP S. 126, S. 159) auf das soziale Hauptgesetz von Rudolf Steiner von 1905/1906 zurück.
Joseph Beuys sagt (mit Verweis auf Schmundt) in KIK S. 58 „Arbeit ist in der Gegenwart, in der Neuzeit grundsätzlich Arbeit für andere. D.h., in elementarer Weise ist der Sozialismus bereits da."
Deutlich und klar formuliert Joseph Beuys diese Zusammenhänge im Aufruf zur Alternative (AZA) von 1978: „Im integralen System ist jede Arbeit prinzipiell Arbeit für andere. Das heißt, daß jeder Tätige an einer bestimmten Stelle seinen Beitrag leistet für das Herstellen eines Wertes, der letztlich von irgendwelchen seiner Mitmenschen verbraucht wird. Die Arbeit eines Menschen steht nicht mehr in Verbindung mit seinem Konsumieren. Das andere von ebenso weitreichender Bedeutung ist, daß der Charakter des integralen Systems es nicht mehr erlaubt, das Einkommen der Tätigen als den Tauschwert für ihre erbrachten Leistungen anzusehen. Denn es kann hier keinen objektiven Maßstab für die Ermittlung des Leistungsanteils eines einzelnen an der Produktion eines bestimmten Konsumwertes mehr geben. Ebensowenig kann der objektive Anteil eines Unternehmens am Gesamtprodukt ermittelt werden. Wenn wir diese Wirklichkeiten zur Kenntnis nehmen und sie nicht aus diesen Interessen oder jenen Desinteressen ignorieren, dann müssen wir festhalten, daß sich mit dem Übergang von

der Tauschwirtschaft (auch Geldtauschwirtschaft) zur integralen Wirtschaft das Verhältnis von Arbeit und Einkommen grundlegend geändert hat."

254 http://blog.wiwo.de/look-at-it/2017/10/11/die-spannendsten-zahlen-fakten-rund-um-youtube-stand-mitte-2017/.

255 Siehe z. B. das Fraunhofer-Magazin „weiter.vorn" Zeitschrift für Forschung, Technik, Innovation. Herausgegeben von der Fraunhofer-Gesellschaft München, www.fraunhofer.de/magazin.
Oder die Broschürenreihe (2011, 2012) „Wir erforschen: ..." der Allianz der Wissenschaftsorganisationen. Deutsche Forschungsgemeinschaft e.V. Bonn, www.dfg.de.

256 Siehe z. B. Harari (2018a) Kap. 11 „Die Datenreligion".

257 Zur Digitalisierung ließe sich vieles sagen. Hier sei allein auf den hohen Stromverbrauch hingewiesen. Ein Stromverbrauch, der die Menschen zu Sklaven der Energieerzeugung macht, sofern man nicht zügig und konsequent auf erneuerbare Energien setzt. Andernfalls wird der Zwang, die Systeme am Laufen zu halten am Ende dazu führen, so befürchte ich, dass Klimaschutzaspekte ignoriert werden.
Einige Zitate:
Stern, 31.10.2018
Mit dem Stromverbrauch einer Google Suche via Smartphone könnte eine 11-Watt-Glühbirne 6 Minuten leuchten.
Die Rechenzentren der Stadt Frankfurt „verbrauchen rund ein Fünftel des vom regionalen Anbieter Mainnova produzierten Stroms – und damit mehr als der größte deutsche Flughafen, ein paar Kilometer entfernt."
Die Rheinpfalz, 15.1.2018
Der Bitcoin Stromverbrauch entspricht dem Stromverbrauch von Ungarn (10 Millionen Einwohner).
„Wäre Bitcoin ein Staat, nähme es beim Energieverbrauch bei rund 200 Staaten in dieser Statistik inzwischen Platz 58 ein."
„Vielfach stammt der Strom in der inneren Mongolei aus alten Kohlemeilern. Die Klimabilanz des Stroms, der für Bitcoins aufgewendet wird, ist daher besonders mies."

258 Wirkliche intelligente Lösungen, sind Lösungen, die sich für alle Beteiligten vorteilhaft auswirken. Ganz im Sinne des Zeitmanagement Klassikers von Josef Hirt: „Erfolg [...] ist nur, das, was sich in jeder Hinsicht und auf die Dauer günstig auswirkt." (Hirt Methode Zürich 1988, Bd. 2, S. 6).
Diese Sichtweise entspricht in der Regel nicht der Sichtweise der Industrie. Denn, wenn z. B. die chemische Industrie von „intelligenten Lösungen" spricht, meint sie in der Regel forschungsintensive, technische Lösungen, die in der Vergangenheit immer

Verlierer erzeugt haben (Bienen, Bodenfruchtbarkeit, u. a). Die Entwicklung intelligenter Lösungen darf man nicht der Industrie oder technologischen Entwicklungen allein überlassen. Intelligente Lösungen gibt es nur als „Partner der Evolution" (Dieter M. Hörner) wie in der Szene München erläutert.

259 Joseph Beuys: „Das wahre, das einfache Christentum, oder sagen wir, das, was Christus wollte, entwickelte sich im Westen anhand des methodologischen Fortschritts in der Philosophie, des Begriffs der Naturwissenschaft, des extremen Materialismus und dessen, was wir heute haben: aber es ist ein Prozess des Todes. […] Das Christentum hat sich entwickelt, indem es die Begriffe Wissenschaft und Materialismus verwirklichte, und dies ist ein Rasen in den Tod, in die Abstraktion, in die Entfernung vom Menschen. Doch in diesem Fall konnte sich der Mensch als Individuum befreien, d. h. es gelang ihm, sich aus der alten Abhängigkeit zu emanzipieren. Mit dieser Methode also ist es möglich gewesen, das Versprechen von Christus zu verwirklichen: ‚Ich werde euch erlösen'. Christus ist die ‚Dampfmaschine'." im Gespräch mit A.O. Oliva, BZE S. 80.

260 AZA.

261 Daniel führt mit ‚Wertschätzungsökonomie' einen neuen Begriff in die Diskussion ein, der mir bei der Beschäftigung mit dem „Aufruf zur Alternative" in den Sinn gekommen ist. Für mein Empfinden sind die – auch von Daniel – erwähnten Begriffe wie alternatives Wirtschaften, Gemeinwohlökonomie, Nachhaltigkeit usw. zu sehr auf Teilbereiche fokussiert. Umfassendere Perspektiven, wie die Sustainable Developement Goals der UN haben zwar die wesentlichen Herausforderungen der Zukunft im Blick bestehen jedoch aus 17 Einzelzielen (Siehe www.sdgcompss.org). Wer kann 17 Ziele parallel verfolgen? Demgegenüber bietet der Begriff ‚Wertschätzung' einen umfassend anwendbaren Wert und Maßstab, der in allen Lebens- und Tätigkeitsbereichen gleichermaßen verwendbar ist. Ein Begriff, der beim Thema Mitarbeiterführung nie ganz verschwunden war und anscheinend in den letzten Jahren eine Renaissance erlebt (siehe z. B. Dick (2017)). Mit dem Begriff ‚Wertschätzungsökonomie' möchten Daniel und ich die Perspektive erweitern und ein neues Element in die Diskussion einführen, Resonanz erzeugen und damit diese Perspektive weiter ausbauen.

262 NK_RGD S. 43.

263 Abbildung einer Großflächenplakataktion 30J_7000E S. 159. Wiederholung zur Verstärkung.

264 WLP, zitiert vom Beginn der Rede von Joseph Beuys „Dank an Wilhelm Lehmbruck".

Joseph Beuys beschreibt hier seine Vision beim Betrachten eines

Bildbandes mit Abbildungen der Skulpturen Wilhelm Lehmbrucks. Lehmbrucks Kunstwerke, diese intensive Erfahrung und empfundene Aufforderung, veranlassten Joseph Beuys zum Kunststudium. Jahre später, am 12. Januar 1986 wurde Joseph Beuys der Wilhelm Lehmbruck Preis der Stadt Duisburg verliehen. Das Zitat stammt aus seiner Dankesrede. 11 Tage später verstarb Joseph Beuys in Düsseldorf.

265 Abb.: Ohne die Rose tun wir's nicht, DOC_A S. 111 o. S. 20. Oder: „Ohne die Rose tun wir's nicht, da können wir gar nicht mehr denken." PLAK 101.

266 Siehe Stüttgen: Die Stempel von Joseph Beuys. ZSO S.152–208.

267 Ausstellung Düsseldorf, Kunstsammlung NRW, 11.9.2010 – 16.1.2011.

268 Ausstellung Berlin, Nationalgalerie im Hamburger Bahnhof – Museum für Gegenwart, 3.10.2008 – 25.1.2009.

269 Z. B. Stallausstellung Kranenburg 1963. Abb.: SUO S. 29.

270 Siehe SBB.

271 Siehe BB_EGS.

272 Abgekürzt mit „d".

273 So die gebräuchlichste Zählung in der Beuys Literatur z. B. DOC_A. Andere Autoren (z. B. Saerendt (2012) S. 128, Ermen (2007) S. 83) führen zwei weitere documenta Teilnahmen auf, bei denen Beuys durch seine Werke oder auf andere Art „anwesend" war. Z.B die Pflanzung des letzten Baumes der 7000 Eichen durch seinen Sohn Wenzel auf der d 8 oder die Anwesenheit als Wachsfigur auf der d IX.

274 Titel eines Beitrages von J. Stüttgen in DOC_A S. 8–32.

275 Siehe Zitat in Szene Düsseldorf.

276 Siehe E20J.

# 19 Literatur

Aus dem umfangreichen Fundus an Beuys-Literatur und -Ausstellungskatalogen wurden in das Literaturverzeichnis nur jene aufgenommen, die für das Stück eine wichtige Rolle spielen oder von grundsätzlichem Interesse sind. Zur einfacheren Handhabung der Beuys-Literatur habe ich jedes Buch mit einer Titelabkürzung versehen. Diese Abkürzungen werden in den Fußnoten verwendet und verkürzen diese. So ist es möglich, die oft üblichen, meiner Meinung nach aber zeitraubenden und daher lästigen, Verweise auf bereits angegebene Quellen innerhalb von Fußnoten zu vermeiden.
Die Literatur zu Joseph Beuys finden Sie doppelt gelistet. In der ersten Liste sortiert nach verwendeten Abkürzungen, in der zweiten Liste nach Autoren.

## 19.1 Literatur von/über Joseph Beuys
nach Abkürzungen sortiert

| | |
|---|---|
| 30J_7000E | Fuchs, Rudi (Hg.) (2012): 30 Jahre. Joseph Beuys 7000 Eichen. Stiftung 7000 Eichen. Köln: König. |
| AKT | Adriani, Götz; Konnertz, Winfried; Thomas, Karin (1986): Joseph Beuys. Leben und Werk. 3. Aufl. Köln: DuMont (DuMont-Taschenbücher, 108). |
| AZA | Beuys, Joseph (1978): Aufruf zur Alternative. In: Frankfurter Rundschau, 23.12.1978.<br>• Später als Faltblatt mit Unterschriftsliste verlegt von FIU-Verlag und Aktion Dritter Weg.<br>• Abgedruckt in HRS_SP S. 129–136. |

| | |
|---|---|
| BB_DA | Beuys, Joseph; Beuys, Eva; Beuys, Wenzel; Beuys, Jessyka; Hamilton, Richard (1997): Joseph Beuys, Block Beuys. Der Block Beuys im Hessischen Landesmuseum Darmstadt. Gekürzte Sonderausg., German/Engl. Ed. München: Schirmer/Mosel. |
| BB_EGS | Schott, Günter; Beuys, Joseph; Lorenz, Inge (Hg.) (2014): Block Beuys. Erinnerungen von Günter Schott, 1969 bis 2010 Restaurator am Hessischen Landesmuseum Darmstadt. Hessisches Landesmuseum Darmstadt. |
| BK_MAR | Angerbauer-Rau, Monika; Beuys, Joseph (1998): Beuys-Kompaß. Ein Lexikon zu den Gesprächen von Josef Beuys. Köln: DuMont. |
| BN_HSZ | Szeemann, Harald (Hg.) (2008): Beuysnobiscum. Eine kleine Enzyklopädie. Neuausg., [Nachdr.]. Hamburg: Philo Fine Arts (Fundus-Bücher, 147). |
| BSKB | Lorenz, Inge; Bezzola, Tobia (Hg.) (1996): Joseph-Beuys-Symposium. Kranenburg 1995. Förderverein Museum Schloss Moyland. Basel: Wiese. |
| BZE | Beuys, Joseph; Zweite, Armin (Hg.) (1986): Beuys zu Ehren. Zeichnungen, Skulpturen, Objekte, Vitrinen und das Environment „Zeige deine Wunde" von Joseph Beuys. Städt. Galerie im Lenbachhaus, München. |
| CD_M | Mennekes, Friedhelm; Beuys, Joseph (1996): Joseph Beuys: Christus „denken" – "thinking" Christ. Stuttgart: Verl. Kath. Bibelwerk. |
| D6 | documenta 6: Kassel 1977. 3 Tagungsbände in Schuber. Kassel: Verlag Paul Dietrichs. |
| DDN | Domizio Durini, Lucrezia de; Beuys, Joseph (Hg.) (2011): Beuys Voice. Kunsthaus Zürich; Zürcher Kunstgesellschaft; Ausstellung Joseph Beuys (13. Mai – 14. August 2011). Difesa della Natura. Dt. Ausg. Milano: Electa (Living sculpture collection). |
| DE_B | Beuys, Eva; Beuys, Wenzel (2010): Die Eröffnung 1965. ... irgend ein Strang ...; wie man dem toten Hasen die Bilder erklärt. Unter Mitarbeit von Joseph Beuys. 1. Aufl. Göttingen: Steidl (Schriftenreihe des Joseph-Beuys-Medien-Archivs, 9). |

| | |
|---|---|
| DIL | Quermann, Andreas; Beuys, Joseph (2006): „Demokratie ist lustig". Der politische Künstler Joseph Beuys. Teilw. zugl.: Berlin, Freie Univ., Diss., 2003. Berlin: Reimer. |
| DKR_K | Kramer, Mario; Beuys, Joseph (1991): Joseph Beuys „Das Kapital Raum 1970–1977". 1. Auflage. Heidelberg: Ed. Staeck. |
| DKR_V | Verspohl, Franz-Joachim (1993): Joseph Beuys, Das Kapital Raum 1970–77. Strategien zur Reaktivierung der Sinne. Orig.-Ausg., 15. – 16. Tsd. Frankfurt a. M.: Fischer-Taschenbuch-Verlag. |
| DNDDM | Kelly, Petra K.; Beuys, Joseph (1994): Diese Nacht, in die die Menschen. Wangen: FIU-Verlag |
| DOC_A | Loers, Veit (Hg.) (1993): Joseph Beuys, Documenta-Arbeit. Diese Publikation erscheint anlässlich der Ausstellung vom 5. September bis 14. November 1993. Unter Mitarbeit von Joseph Beuys. Museum Fridericianum. Stuttgart: Cantz. |
| DUS | Borstel, Stephan von (Hg.) (1989): Die unsichtbare Skulptur. Zum erweiterten Kunstbegriff von Joseph Beuys. Freie Internationale Universität. Stuttgart: Urachhaus. |
| DWK | Lorenz, Inge (1995): Der Blick zurück. Joseph Beuys und das Wesen der Kunst. Zur Genese des Werks und der Bildformen. Zugl.: Saarbrücken, Univ., Diss., 1995. Münster: Lit (Theorie der Gegenwartskunst, 4). |
| E20J | Willisch, Susanne; Heimberg, Bruno; Claus, Uwe; Beuys, Joseph (Hg.) (2007): Joseph Beuys - Das Ende des 20. Jahrhunderts. Die Umsetzung vom Haus der Kunst in die Pinakothek der Moderne München = Joseph Beuys – the end of the 20th century. Doerner Institut. München: Schirmer Mosel. |
| EIN | Carl Haenlein (Hg.) (1990): Joseph Beuys. Eine Innere Mongolei. Dschingis Khan, Schamanen, Aktricen. Ölfarben, Wasserfarben und Bleistiftzeichnungen aus der Sammlung van der Grinten. Hannover: Kestner Gesellschaft. |

| | |
|---|---|
| EDW | Vischer, Theodora (1991): Joseph Beuys – Die Einheit des Werkes. Zeichnungen, Aktionen, plastische Arbeiten, soziale Skulptur. Zugl.: Basel, Univ., Diss. Köln: König. |
| EG | Burckhardt, Jacqueline; Beuys, Joseph; Kounellis, Jannis; Kiefer, Anselm; Cucchi, Enzo (Hg.) (1994): Ein Gespräch. 4. Aufl. Zürich, Ostfildern: Parkett; Cantz. |
| EK_EP | Weber, Christa (1991): Vom erweiterten Kunstbegriff zum erweiterten Pädagogikbegriff. Versuch einer Standortbestimmung von Joseph Beuys. Zugl.: Frankfurt (Main), Univ., Diss., 1991. Frankfurt/M.: Verlag für Interkulturelle Kommunikation (Wissenschaft und Forschung, Bd. 15). |
| EP | Ammann, Jean-Christophe; Beuys, Joseph (Hg.) (2010): Beuys: Energieplan. Zeichnungen aus dem Museum Schloss Moyland. Stiftung Museum Schloss Moyland, Sammlung van der Grinten, Joseph-Beuys-Archiv des Landes Nordrhein-Westfalen. Bedburg-Hau: Museum Schloss Moyland. |
| FFBI | Frank, Jana Li (2002): Fett, Filz, Beuys und ich. Jahresarbeit 2001–2002. Freie Waldorfschule, Köln. |
| GK_FHH | Gauss, Silvia (1995): Joseph Beuys „Gesamtkunstwerk, Freie und Hansestadt Hamburg": 1983/84. Wangen/Allgäu: FIU-Verlag. |
| GKZH | Beuys, Joseph; Beuys, Eva; Bastian, Heiner (Hg.) (2000): Das Geheimnis der Knospe zarter Hülle. Texte 1941–1986. München: Schirmer/Mosel (Edition Heiner Bastian). |
| GMB | Altenberg, Theo; Beuys, Joseph (Hg.) (1988): Gespräche mit Beuys. Joseph Beuys in Wien und am Friedrichshof. Klagenfurt: Ritter. |
| GÜB | Beuys, Joseph; Blume, Bernhard; Rappmann, Rainer (1994): Gespräche über Bäume. 3., verb. Aufl. Wangen/Allgau: FIU-Verlag. |
| GW_S | Schwebel, Horst (1979): Glaubwürdig. 5 Gespräche über heutige Kunst und Religion. Gespräch mit J. Beuys S. 15–42. München: Chr. Kaiser Verlag. |
| HOM | Galerie N (Hg.) (1987): Hommage à Joseph Beuys. Wien. |

| | |
|---|---|
| HRS_SP | Harlan, Volker; Rappmann, Rainer; Schata, Peter (1984): Soziale Plastik. Materialien zu Joseph Beuys. Unter Mitarbeit von Joseph Beuys. 3., erw. u. erg. Aufl. Achberg: Achberger Verlag. |
| HS_FR | Huber, Eva (1993): Joseph Beuys: Hauptstrom und Fettraum. Musik: Henning Christiansen. Ein Lehrstück für die fünf Sinne. Darmstadt: Verlag Jürgen Häusser. |
| JBB | Koepplin, Dieter (Hg.) (2003): Joseph Beuys in Basel. Ausstellung „Joseph Beuys in Basel", Museum für Gegenwartskunst Basel, 13. Dezember 2003 – 21. März 2004. Unter Mitarbeit von Joseph Beuys. Museum für Gegenwartskunst Basel. |
| JBB_FS | Koepplin, Dieter; Beuys, Joseph (Hg.) (2003): Joseph Beuys in Basel. Feuerstätte und Feuerstätte II: Aus der Sammlung des Kunstmuseums Basel. Öffentliche Kunstsammlung Basel. München: Schirmer/Mosel (1). |
| JBD | ANNA, Susanne; Chiout, Jochen; Beuys, Joseph (Hg.) (2008): Joseph Beuys, Düsseldorf; Stadtmuseum Düsseldorf; Ausstellung Joseph Beuys, Düsseldorf. Ostfildern: Hatje Cantz (Schriftenreihe Stadtmuseum). |
| JMK | Bodenmann-Ritter, Clara; Beuys, Joseph (Hg.) (1994): Jeder Mensch ein Künstler. Gespräche auf der documenta 5/1972. Geringfügig veränd. Ausg., 5. Aufl. Frankfurt/M, Berlin: Ullstein (Ullstein-Sachbuch, Nr. 34450). |
| KEB | Beuys, Joseph (2006): Ein kurzes erstes Bild von dem konkreten Wirkungsfelde der sozialen Kunst. Einführungsrede beim öffentlichen Podiumsgespräch zwischen Joseph Beuys und Michael Ende im Festsaal der Wangener Waldorfschule am 10. Februar 1985. 4. Aufl. Wangen: FIU-Verlag. |
| KiK | Beuys, Joseph; Rappmann, Rainer (1992): Kunst=Kapital. Achberger Vorträge. Wangen: FIU-Verlag. |
| KUS | Beuys, Joseph (1978): Kunst und Staat. In: Gesellschaft für Rechtspolitik (Hg.): Bitburger Gespräche. Jahrbuch 1977-1978. Bitburger Gespräche; Gesellschaft für Rechtspolitik; Universität Trier, S. 135–139. |
| LDZ | Holzhey, Magdalena (2009): Im Labor des Zeichners. Joseph Beuys und die Naturwissenschaft. Zugl.: Erlangen-Nürnberg, Univ., Diss., 2008. Berlin: Reimer. |

| | |
|---|---|
| M_OPK | Beuys, Joseph (1980): Das Museum – ein Ort der permanenten Konferenz. In: Horst Kurnitzky (Hg.): Kunst Gesellschaft Museum. Berlin: Medusa Verlag (Notizbuch, 3), S. 47–74. |
| MPK | Beuys, Joseph (1977?): Multiplizierte Kunst. Werkverzeichnis. Unter Mitarbeit von Jörg Schellmann und Bernd Klüser. 4. völlig neu bearbeitete Auflage. München: Verlag Schellmann & Klüser. |
| MUL | Beuys, Joseph; Schellmann, Jörg (Hg.) (1997): Joseph Beuys, die Multiples. Werkverzeichnis der Auflagenobjekte und Druckgraphik. 8. Aufl. München: Ed. Schellmann; Schirmer/Mosel. |
| NG_KS | Gillich, Eva-Maria; Lysko, Sylvia; Meyer, Dorle (2012): Joseph Beuys. Raum in der Neuen Galerie. Unter Mitarbeit von Joseph Beuys. Petersberg: Michael Imhof Verlag (Kataloge der Museumslandschaft Hessen Kassel, Band 48). |
| NK_RGD | Dienst, Rolf-Gunter (1970): Noch Kunst. Neuestes aus deutschen Ateliers. Düsseldorf: Droste. |
| NMF | Zweite, Armin (Hg.) (1991): Joseph Beuys. Natur, Materie, Form; Ausstellung „Joseph Beuys – Natur, Materie, Form", 30. November 1991 bis zum 9. Februar 1992 Kunstsammlung Nordrhein-Westfalen, Düsseldorf. Unter Mitarbeit von Joseph Beuys. Stiftung Kunstsammlung Nordrhein-Westfalen. München: Schirmer/Mosel. |
| PLAK | Britsch, Florian; Weiss, Peter (1991): Joseph Beuys Plakate. Werbung für die Kunst. Ausstellung Bayerische Staatsbibliothek, München: Verlag Schneider-Henn. |
| PLP_K | Ackermann, Marion; Malz, Isabelle; Alonso, Carmen (Hg.) (2010): Joseph Beuys. Parallelprozesse; Ausstellung Joseph Beuys. Parallelprozesse; Quadriennale; Stiftung Kunstsammlung Nordrhein-Westfalen; Ausstellung im Rahmen der Quadriennale 2010. München: Schirmer Mosel. |
| PLP_S | Müller, Ulrich; Bredekamp, Horst; Beuys, Joseph (2012): Joseph Beuys - Parallelprozesse. Archäologie einer künstlerischen Praxis. Symposium als wissenschaftliche Begleitung zur gleichnamigen Ausstellung der Kunstsammlung Nordrhein-Westfalen in Düsseldorf. München: Hirmer. |

| | |
|---|---|
| RE_JB | Ermen, Reinhard; Beuys, Joseph (2010): Joseph Beuys. Orig.-Ausg., 2. Aufl. Reinbek bei Hamburg: Rowohlt-Taschenbuch-Verlag (Rowohlts Monographien, 50623). |
| RKNG | Lange, Barbara; Beuys, Joseph (1999): Joseph Beuys. Richtkräfte einer neuen Gesellschaft; der Mythos vom Künstler als Gesellschaftsreformer. Zugl.: Kiel, Univ., Habil.-Schr., 1995. Berlin: Reimer. |
| RSW | Beuys, Joseph; Blume, Eugen; Nichols, Catherine; Schuster, Peter-Klaus (Hg.) (2008): Beuys – Die Revolution sind wir. Ausstellung der Nationalgalerie im Hamburger Bahnhof - Museum für Gegenwart - Berlin; Nationalgalerie. Ausstellungsreihe Kult des Künstlers. Göttingen: Steidl. |
| SBB | Hessisches Landesmuseum Darmstadt (Hg.) (2014): Die Sanierung der Räume des >>Block Beuys<<. Hearing 18./19.4.2008. Unter Mitarbeit von Carola Kemme und Klaus -D. Pohl. Darmstadt |
| SD | Beuys, Joseph (1995): Sprechen über Deutschland. Rede vom 20. November 1985 in den Münchner Kammerspielen. Wangen: FIU-Verlag. |
| SIB | Dr. Gerd Mörsch (2016): Die Bedeutung Sibiriens im Werk von Joseph Beuys und Jochen Gerz. http://archiv.ub.uni-heidelberg.de/artdoc/volltexte/2016/4247. |
| SPI_BE | Elsen, Beate (1992): Studien zu den Prinzipien der Installation von Joseph Beuys. Ein Beitrag zur Gegenstandssicherung. Inauguraldissertation. Rheinische Friedrich-Wilhelms-Universität, Bonn. |
| STH | Stachelhaus, Heiner (1991): Joseph Beuys. 3. Aufl. Düsseldorf, Wien, New York: ECON-Verlag. |
| SUO | Bastian, Heiner (Hg.) (1988): Joseph Beuys. Skulpturen und Objekte; im Martin-Gropius-Bau, Berlin. München: Schirmer/Mosel. |
| TGB | Harlan, Volker; Koepplin, Dieter; Velhagen, Rudolf (1991): Joseph Beuys-Tagung, Basel 1.–4. Mai 1991. Basel: Wiese. |
| UMS_A | Schneede, Uwe M.; Beuys, Joseph (1994): Joseph Beuys. Die Aktionen. Kommentiertes Werkverzeichnis mit fotografischen Dokumentationen. Ostfildern-Ruit bei Stuttgart: Hatje. |

| | |
|---|---|
| VBB_DA | Freunde und Förderer des Hessischen Landesmuseums in Darmstadt (1995): Vorträge zum Werk von Joseph Beuys. 1. Aufl. Darmstadt: Häusser. |
| VDG_ZJB | Grinten, Franz Joseph van der; Mennekes, Friedhelm; (Hg.) (1993): Franz Joseph van der Grinten zu Joseph Beuys. Köln: Wienand Verlag. |
| WIG | Rappmann, Rainer; Beuys, Joseph (Hg.) (2009): Was ist Geld? Eine Podiumsdiskussion. 2. Auflage. Wangen: FIU-Verlag. |
| WLP | Brockhaus, Christoph (Hg.) (1986): Reden zur Verleihung des Wilhelm-Lehmbruck-Preises der Stadt Duisburg 1986 an Joseph Beuys. Unter Mitarbeit von Joseph Beuys. Wilhelm-Lehmbruck-Museum. Duisburg. |
| WÜ | Schirmer, Lothar; Borer, Alain; Beuys, Joseph (Hg.) (1996): Joseph Beuys. Eine Werkübersicht. Zeichnungen und Aquarelle, Drucksachen und Multiples, Skulpturen und Objekte, Räume und Aktionen; 1945–1985. München: Schirmer/Mosel. |
| ZDW_B | Sünner, Rüdiger (2015): Zeige deine Wunde. Kunst und Spiritualität bei Joseph Beuys. Eine Spurensuche. 1. Aufl. Berlin: Europa-Verlag. |
| ZDW_F | Sünner, Rüdiger; Beuys, Joseph (2015): Zeige deine Wunde - Kunst und Spiritualität bei Joseph Beuys. Absolut Medien Dokumente. Weitere Beteiligte: Rhea Thönges-Stringaris, Sonja Mataré, Johannes Stüttgen und Hans-Peter Bögel. 1 DVD-Video, 85 Min. + 12 Min. Extras). Fridolfing: Absolut Medien. |
| ZIN | Murken, Axel Hinrich (1979): Joseph Beuys und die Medizin. Münster: Coppenrath. |
| ZSO | Dickhoff, Wilfried; Stüttgen, Johannes (Hg.) (1988): Joseph Beuys. Zeichnungen, Skulpturen, Objekte; Ausstellung Joseph Beuys. Ed. Achenbach. |
| ZSS | Stüttgen, Johannes (1998): Zeitstau. Im Kraftfeld des erweiterten Kunstbegriffs von Joseph Beuys; 7 Vorträge im Todesjahr von Joseph Beuys. Unter Mitarbeit von Joseph Beuys. Stuttgart: Urachhaus. |

## 19.2 Literatur von/über Joseph Beuys
nach Autoren sortiert

| | |
|---|---|
| Ackermann, Marion; Malz, Isabelle; Alonso, Carmen (Hg.) (2010): Joseph Beuys. Parallelprozesse; Ausstellung Joseph Beuys. Parallelprozesse; Quadriennale; Stiftung Kunstsammlung Nordrhein-Westfalen; Ausstellung im Rahmen der Quadriennale 2010. München: Schirmer Mosel. | PLP_K |
| Adriani, Götz; Konnertz, Winfried; Thomas, Karin (1986): Joseph Beuys. Leben und Werk. 3. Aufl. Köln: DuMont (DuMont-Taschenbücher, 108). | AKT |
| Altenberg, Theo; Beuys, Joseph (Hg.) (1988): Gespräche mit Beuys. Joseph Beuys in Wien und am Friedrichshof. Klagenfurt: Ritter. | GMB |
| Ammann, Jean-Christophe; Beuys, Joseph (Hg.) (2010): Beuys: Energieplan. Zeichnungen aus dem Museum Schloss Moyland. Stiftung Museum Schloss Moyland, Sammlung van der Grinten, Joseph-Beuys-Archiv des Landes Nordrhein-Westfalen. Bedburg-Hau: Museum Schloss Moyland. | EP |
| Angerbauer-Rau, Monika; Beuys, Joseph (1998): Beuys-Kompaß. Ein Lexikon zu den Gesprächen von Josef Beuys. Köln: DuMont. | BK_MAR |
| ANNA, Susanne; Chiout, Jochen; Beuys, Joseph (Hg.) (2008): Joseph Beuys, Düsseldorf; Stadtmuseum Düsseldorf; Ausstellung Joseph Beuys, Düsseldorf. Ostfildern: Hatje Cantz (Schriftenreihe Stadtmuseum). | JBD |
| Bastian, Heiner (Hg.) (1988): Joseph Beuys. Skulpturen und Objekte; im Martin-Gropius-Bau, Berlin. München: Schirmer/Mosel. | SUO |
| Beuys, Eva; Beuys, Wenzel (2010): Die Eröffnung 1965. ... irgend ein Strang ...; wie man dem toten Hasen die Bilder erklärt. Unter Mitarbeit von Joseph Beuys. 1. Aufl. Göttingen: Steidl (Schriftenreihe des Joseph-Beuys-Medien-Archivs, 9). | DE_B |

| | |
|---|---|
| Beuys, Joseph (1978): Aufruf zur Alternative. In: Frankfurter Rundschau, 23.12.1978.<br>• Später als Faltblatt mit Unterschriftsliste verlegt von FIU-Verlag und Aktion Dritter Weg.<br>• Abgedruckt in HRS_SP S. 129–136. | AZA |
| Beuys, Joseph (1978): Kunst und Staat. In: Gesellschaft für Rechtspolitik (Hg.): Bitburger Gespräche. Jahrbuch 1977–1978. Bitburger Gespräche; Gesellschaft für Rechtspolitik; Universität Trier, S. 135–139. | KUS |
| Beuys, Joseph (1980): Das Museum - ein Ort der permanenten Konferenz. In: Horst Kurnitzky (Hg.): Kunst Gesellschaft Museum. Berlin: Medusa Verlag (Notizbuch, 3), S. 47–74. | M_OPK |
| Beuys, Joseph (1995): Sprechen über Deutschland. Rede vom 20. November 1985 in den Münchner Kammerspielen. Wangen: FIU-Verlag. | SD |
| Beuys, Joseph (2006): Ein kurzes erstes Bild von dem konkreten Wirkungsfelde der sozialen Kunst. Einführungsrede beim öffentlichen Podiumsgespräch zwischen Joseph Beuys und Michael Ende im Festsaal der Wangener Waldorfschule am 10. Februar 1985. 4. Aufl. Wangen: FIU-Verlag. | KEB |
| Beuys, Joseph (1977?): Multiplizierte Kunst. Werkverzeichnis. Unter Mitarbeit von Jörg Schellmann und Bernd Klüser. 4. völlig neu bearbeitete Auflage. München: Verlag Schellmann & Klüser. | MPK |
| Beuys, Joseph; Beuys, Eva; Bastian, Heiner (Hg.) (2000): Das Geheimnis der Knospe zarter Hülle. Texte 1941 - 1986. München: Schirmer/Mosel (Edition Heiner Bastian). | GKZH |
| Beuys, Joseph; Beuys, Eva; Beuys, Wenzel; Beuys, Jessyka; Hamilton, Richard (1997): Joseph Beuys, Block Beuys. Der Block Beuys im Hessischen Landesmuseum Darmstadt. Gekürzte Sonderausg., German/Engl. Ed. München: Schirmer/Mosel. | BB_DA |
| Beuys, Joseph; Blume, Bernhard; Rappmann, Rainer (1994): Gespräche über Bäume. 3., verb. Aufl. Wangen/Allgäu: FIU-Verlag. | GÜB |

| | |
|---|---|
| Beuys, Joseph; Blume, Eugen; Nichols, Catherine; Schuster, Peter-Klaus (Hg.) (2008): Beuys – Die Revolution sind wir. Ausstellung der Nationalgalerie im Hamburger Bahnhof – Museum für Gegenwart - Berlin; Nationalgalerie. Ausstellungsreihe Kult des Künstlers. Göttingen: Steidl. | RSW |
| Beuys, Joseph; Rappmann, Rainer (1992): Kunst=Kapital. Achberger Vorträge. Wangen: FIU-Verlag. | KiK |
| Beuys, Joseph; Schellmann, Jörg (Hg.) (1997): Joseph Beuys, die Multiples. Werkverzeichnis der Auflagenobjekte und Druckgraphik. 8. Aufl. München: Ed. Schellmann; Schirmer/Mosel. | MUL |
| Beuys, Joseph; Zweite, Armin (Hg.) (1986): Beuys zu Ehren. Zeichnungen, Skulpturen, Objekte, Vitrinen und das Environment „Zeige deine Wunde" von Joseph Beuys. Städt. Galerie im Lenbachhaus, München. | BZE |
| Bodenmann-Ritter, Clara; Beuys, Joseph (Hg.) (1994): Jeder Mensch ein Künstler. Gespräche auf der documenta 5/1972. Geringfügig veränd. Ausg., 5. Aufl. Frankfurt/M, Berlin: Ullstein (Ullstein-Sachbuch, Nr. 34450). | JMK |
| Borstel, Stephan von (Hg.) (1989): Die unsichtbare Skulptur. Zum erweiterten Kunstbegriff von Joseph Beuys. Freie Internationale Universität. Stuttgart: Urachhaus. | DUS |
| Britsch, Florian; Weiss, Peter (1991): Joseph Beuys Plakate. Werbung für die Kunst. Ausstellung Bayerische Staatsbibliothek, München: Verlag Schneider-Henn. | PLAK |
| Brockhaus, Christoph (Hg.) (1986): Reden zur Verleihung des Wilhelm-Lehmbruck-Preises der Stadt Duisburg 1986 an Joseph Beuys. Unter Mitarbeit von Joseph Beuys. Wilhelm-Lehmbruck-Museum. Duisburg. | WLP |
| Burckhardt, Jacqueline; Beuys, Joseph; Kounellis, Jannis; Kiefer, Anselm; Cucchi, Enzo (Hg.) (1994): Ein Gespräch. 4. Aufl. Zürich, Ostfildern: Parkett; Cantz. | EG |
| Carl Haenlein (Hg.) (1990): Joseph Beuys. Eine Innere Mongolei. Dschingis Khan, Schamanen, Aktricen. Ölfarben, Wasserfarben und Bleistiftzeichnungen aus der Sammlung van der Grinten. Hannover: Kestner Gesellschaft. | EIN |

| | |
|---|---|
| Dickhoff, Wilfried; Stüttgen, Johannes (Hg.) (1988): Joseph Beuys. Zeichnungen, Skulpturen, Objekte; Ausstellung Joseph Beuys. Ed. Achenbach. | ZSO |
| Dienst, Rolf-Gunter (1970): Noch Kunst. Neuestes aus deutschen Ateliers. Düsseldorf: Droste. | NK_RGD |
| documenta 6: Kassel 1977. 3 Tagungsbände in Schuber. Kassel: Verlag Paul Dietrichs. | D6 |
| Domizio Durini, Lucrezia de; Beuys, Joseph (Hg.) (2011): Beuys Voice. Kunsthaus Zürich; Zürcher Kunstgesellschaft; Ausstellung Joseph Beuys (13. Mai – 14. August 2011). Difesa della Natura. Dt. Ausg. Milano: Electa (Living sculpture collection). | DDN |
| Dr. Gerd Mörsch (2016): Die Bedeutung Sibiriens im Werk von Joseph Beuys und Jochen Gerz. http://archiv.ub.uni-heidelberg.de/artdoc/volltexte/2016/4247. | SIB |
| Elsen, Beate (1992): Studien zu den Prinzipien der Installation von Joseph Beuys. Ein Beitrag zur Gegenstandssicherung. Inauguraldissertation. Rheinische Friedrich-Wilhelms-Universität, Bonn. | SPI_BE |
| Ermen, Reinhard; Beuys, Joseph (2010): Joseph Beuys. Orig.-Ausg., 2. Aufl. Reinbek bei Hamburg: Rowohlt-Taschenbuch-Verlag (Rowohlts Monographien, 50623). | RE_JB |
| Frank, Jana Li (2002): Fett, Filz, Beuys und ich. Jahresarbeit 2001–2002. Freie Waldorfschule, Köln. | FFBI |
| Freunde und Förderer des Hessischen Landesmuseums in Darmstadt (1995): Vorträge zum Werk von Joseph Beuys. 1. Aufl. Darmstadt: Häusser. | VBB_DA |
| Fuchs, Rudi (Hg.) (2012): 30 Jahre. Joseph Beuys 7000 Eichen. Stiftung 7000 Eichen. Köln: König. | 30J_7000E |
| Galerie N (Hg.) (1987): Hommage à Joseph Beuys. Wien. | HOM |
| Gauss, Silvia (1995): Joseph Beuys „Gesamtkunstwerk, Freie und Hansestadt Hamburg": 1983/84. Wangen/Allgäu: FIU-Verlag. | GK_FHH |
| Gillich, Eva-Maria; Lysko, Sylvia; Meyer, Dorle (2012): Joseph Beuys. Raum in der Neuen Galerie. Unter Mitarbeit von Joseph Beuys. Petersberg: Michael Imhof Verlag (Kataloge der Museumslandschaft Hessen Kassel, Band 48). | NG_KS |

| | |
|---|---|
| Grinten, Franz Joseph van der; Mennekes, Friedhelm; (Hg.) (1993): Franz Joseph van der Grinten zu Joseph Beuys. Köln: Wienand Verlag. | VDG_ZJB |
| Harlan, Volker; Koepplin, Dieter; Velhagen, Rudolf (1991): Joseph Beuys-Tagung, Basel 1. – 4. Mai 1991. Basel: Wiese. | TGB |
| Harlan, Volker; Rappmann, Rainer; Schata, Peter (1984): Soziale Plastik. Materialien zu Joseph Beuys. Unter Mitarbeit von Joseph Beuys. 3., erw. u. erg. Aufl. Achberg: Achberger Verlag. | HRS_SP |
| Hessisches Landesmuseum Darmstadt (Hg.) (2014): Die Sanierung der Räume des >>Block Beuys<<. Hearing 18./19.4.2008. Unter Mitarbeit von Carola Kemme und Klaus -D. Pohl. Darmstadt | SBB |
| Holzhey, Magdalena (2009): Im Labor des Zeichners. Joseph Beuys und die Naturwissenschaft. Zugl.: Erlangen-Nürnberg, Univ., Diss., 2008. Berlin: Reimer. | LDZ |
| Huber, Eva (1993): Joseph Beuys: Hauptstrom und Fettraum. Musik: Henning Christiansen. Ein Lehrstück für die fünf Sinne. Darmstadt: Verlag Jürgen Häusser. | HS_FR |
| Kelly, Petra K.; Beuys, Joseph (1994): Diese Nacht, in die die Menschen. Wangen: FIU-Verlag | DNDDM |
| Koepplin, Dieter (Hg.) (2003): Joseph Beuys in Basel. Ausstellung „Joseph Beuys in Basel", Museum für Gegenwartskunst Basel, 13. Dezember 2003 - 21. März 2004. Unter Mitarbeit von Joseph Beuys. Museum für Gegenwartskunst Basel. | JBB |
| Koepplin, Dieter; Beuys, Joseph (Hg.) (2003): Joseph Beuys in Basel. Feuerstätte und Feuerstätte II: Aus der Sammlung des Kunstmuseums Basel. Öffentliche Kunstsammlung Basel. München: Schirmer/Mosel (1). | JBB_FS |
| Kramer, Mario; Beuys, Joseph (1991): Joseph Beuys „Das Kapital Raum 1970 - 1977". 1. Auflage. Heidelberg: Ed. Staeck. | DKR_K |
| Lange, Barbara; Beuys, Joseph (1999): Joseph Beuys. Richtkräfte einer neuen Gesellschaft; der Mythos vom Künstler als Gesellschaftsreformer. Zugl.: Kiel, Univ., Habil.-Schr., 1995. Berlin: Reimer. | RKNG |

| | |
|---|---|
| Loers, Veit (Hg.) (1993): Joseph Beuys, Documenta-Arbeit. Diese Publikation erscheint anlässlich der Ausstellung vom 5. September bis 14. November 1993. Unter Mitarbeit von Joseph Beuys. Museum Fridericianum. Stuttgart: Cantz. | DOC_A |
| Lorenz, Inge (1995): Der Blick zurück. Joseph Beuys und das Wesen der Kunst. Zur Genese des Werks und der Bildformen. Zugl.: Saarbrücken, Univ., Diss., 1995. Münster: Lit (Theorie der Gegenwartskunst, 4). | DWK |
| Lorenz, Inge; Bezzola, Tobia (Hg.) (1996): Joseph-Beuys-Symposium. Kranenburg 1995. Förderverein Museum Schloss Moyland. Basel: Wiese. | BSKB |
| Mennekes, Friedhelm; Beuys, Joseph (1996): Joseph Beuys: Christus „denken" - „thinking" Christ. Stuttgart: Verl. Kath. Bibelwerk. | CD_M |
| Müller, Ulrich; Bredekamp, Horst; Beuys, Joseph (2012): Joseph Beuys - Parallelprozesse. Archäologie einer künstlerischen Praxis. Symposium als wissenschaftliche Begleitung zur gleichnamigen Ausstellung der Kunstsammlung Nordrhein-Westfalen in Düsseldorf. München: Hirmer. | PLP_S |
| Murken, Axel Hinrich (1979): Joseph Beuys und die Medizin. Münster: Coppenrath. | ZIN |
| Quermann, Andreas; Beuys, Joseph (2006): „Demokratie ist lustig". Der politische Künstler Joseph Beuys. Teilw. zugl.: Berlin, Freie Univ., Diss., 2003. Berlin: Reimer. | DIL |
| Rappmann, Rainer; Beuys, Joseph (Hg.) (2009): Was ist Geld? Eine Podiumsdiskussion. 2. Auflage. Wangen: FIU-Verlag. | WIG |
| Schirmer, Lothar; Borer, Alain; Beuys, Joseph (Hg.) (1996): Joseph Beuys. Eine Werkübersicht. Zeichnungen und Aquarelle, Drucksachen und Multiples, Skulpturen und Objekte, Räume und Aktionen; 1945–1985. München: Schirmer/Mosel. | WÜ |
| Schneede, Uwe M.; Beuys, Joseph (1994): Joseph Beuys. Die Aktionen. Kommentiertes Werkverzeichnis mit fotografischen Dokumentationen. Ostfildern-Ruit bei Stuttgart: Hatje. | UMS_A |

| | |
|---|---|
| Schott, Günter; Beuys, Joseph; Lorenz, Inge (Hg.) (2014): Block Beuys. Erinnerungen von Günter Schott, 1969 bis 2010 Restaurator am Hessischen Landesmuseum Darmstadt. Hessisches Landesmuseum Darmstadt. | BB_EGS |
| Schwebel, Horst (1979): Glaubwürdig. 5 Gespräche über heutige Kunst und Religion. Gespräch mit J. Beuys S. 15–42. München: Chr. Kaiser Verlag. | GW_S |
| Stachelhaus, Heiner (1991): Joseph Beuys. 3. Aufl. Düsseldorf, Wien, New York: ECON-Verlag. | STH |
| Stüttgen, Johannes (1998): Zeitstau. Im Kraftfeld des erweiterten Kunstbegriffs von Joseph Beuys; 7 Vorträge im Todesjahr von Joseph Beuys. Unter Mitarbeit von Joseph Beuys. Stuttgart: Urachhaus. | ZSS |
| Sünner, Rüdiger (2015): Zeige deine Wunde. Kunst und Spiritualität bei Joseph Beuys. Eine Spurensuche. 1. Aufl. Berlin: Europa-Verlag. | ZDW_B |
| Sünner, Rüdiger; Beuys, Joseph (2015): Zeige deine Wunde - Kunst und Spiritualität bei Joseph Beuys. Absolut Medien Dokumente. Weitere Beteiligte: Rhea Thönges-Stringaris, Sonja Mataré, Johannes Stüttgen und Hans-Peter Bögel. 1 DVD-Video, 85 Min. + 12 Min. Extras). Fridolfing: Absolut Medien. | ZDW_F |
| Szeemann, Harald (Hg.) (2008): Beuysnobiscum. Eine kleine Enzyklopädie. Neuausg., [Nachdr.]. Hamburg: Philo Fine Arts (Fundus-Bücher, 147). | BN_HSZ |
| Verspohl, Franz-Joachim (1993): Joseph Beuys, Das Kapital Raum 1970-77. Strategien zur Reaktivierung der Sinne. Orig.-Ausg., 15. – 16. Tsd. Frankfurt a. M.: Fischer-Taschenbuch-Verlag. | DKR_V |
| Vischer, Theodora (1991): Joseph Beuys - Die Einheit des Werkes. Zeichnungen, Aktionen, plastische Arbeiten, soziale Skulptur. Zugl.: Basel, Univ., Diss. Köln: König. | EDW |
| Weber, Christa (1991): Vom erweiterten Kunstbegriff zum erweiterten Pädagogikbegriff. Versuch einer Standortbestimmung von Joseph Beuys. Zugl.: Frankfurt (Main), Univ., Diss., 1991. Frankfurt/M.: Verlag für Interkulturelle Kommunikation (Wissenschaft und Forschung, Bd. 15). | EK_EP |

| | |
|---|---|
| Willisch, Susanne; Heimberg, Bruno; Claus, Uwe; Beuys, Joseph (Hg.) (2007): Joseph Beuys - Das Ende des 20. Jahrhunderts. Die Umsetzung vom Haus der Kunst in die Pinakothek der Moderne München = Joseph Beuys - the end of the 20th century. Doerner Institut. München: Schirmer Mosel. | E20J |
| Zweite, Armin (Hg.) (1991): Joseph Beuys. Natur, Materie, Form; Ausstellung „Joseph Beuys - Natur, Materie, Form", 30. November 1991 bis zum 9. Februar 1992 Kunstsammlung Nordrhein-Westfalen, Düsseldorf. Unter Mitarbeit von Joseph Beuys. Stiftung Kunstsammlung Nordrhein-Westfalen. München: Schirmer/Mosel. | NMF |

## 19.3 Weitere zitierte oder interessante Literatur

Berger, Wolfgang (2004): Geld regiert die Welt. Eine „Fairconomy" dient dem Leben und ist unsere Zukunft. Karlsruhe: Business Reframing Institut.

Berger, Wolfgang (2012): Crash als Chance - Es gibt eine Lösung. DVD: „Lust auf neues Geld". Leipzig: Neues Geld gGmbH.

Berger, Wolfgang (2015): Anleitung zur artgerechten Menschenhaltung. Wo Potenziale sich entfalten dürfen, macht Arbeit richtig Spaß. 4. Aufl. Bielefeld: Kamphausen.

Berger, Wolfgang; Schrey, Dietmar (2018): Business Reframing. Humanes Management in Resonanz mit Herz und Hirn. 6. Auflage. Wiesbaden: Springer Gabler Verlag.

Bohmeyer, Michael; Cornelsen, Claudia (2019): Was würdest du tun? Wie uns das Bedingungslose Grundeinkommen verändert: Antworten aus der Praxis. Berlin: Econ.

bpb (2010) Bundeszentrale für politische Bildung: Themenblätter im Unterricht Nr. 83: Meilensteine der Deutschen Einheit. Bonn.

Carr-Gomm, Sarah (2014): Die geheime Sprache der Kunst. Die Bedeutung von Symbolen und Figuren in der abendländischen Malerei. 2. Auflage. München: Bassermann.

Change Magazin, Hg. Bertelsmann Stiftung, Gütersloh, Heft 1, 2017, „Digitalisierung", Artikel über Amsterdam „Ganz schön smart..." S. 25–30.

Christian Tod (Regie): Free Lunch Society: Komm Komm Grundeinkommen. edition Filmladen.

Dick, Stephan Josef; Wegst, Gertraud; Dick, Iris (2017): Wertschätzung – Wie Flow entsteht und die Zahlen stimmen. Impulse und Praktiken zur Gestaltung gelingender Zusammenarbeit. 1st ed. München: Franz Vahlen.

Endenburg, Gerard (2017): Samenleven door middel van de Sociocratische kringorganisatie. Circulaire sociale innovatie: een nieuw sociaal ontwerp. Delft: Eburon.

Häni, DANIEL; Kovce, Philip (22017): Was würdest du arbeiten, wenn für dein Einkommen gesorgt wäre? Manifest zum Grundeinkommen. Wals bei Salzburg: Ecowin. Online verfügbar unter http://ecowin.at/.

Harari, Yuval Noah (2018a): Homo Deus. Eine Geschichte von Morgen. 2. Auflage. München: C.H.Beck (Beck Paperback).

Harari, Yuval Noah (2018b): 21 Lektionen für das 21. Jahrhundert. München: C.H. Beck.

Hüther, Gerald (2013): Kommunale Intelligenz. Potenzialentfaltung in Städten und Gemeinden. 1. Aufl. s.l.: edition Körber-Stiftung.

Hedinger, Bärbel (Hg.) (2006): Alles im Fluß. Ein Panorama der Elbe. Hamburg; Altonaer Museum.

Heidt, Wilfried (1974): Der dritte Weg. Die notwendige Alternative zu Kapitalismus und Kommunismus. Edition dritter Weg.

Nürnberger, Christian (2007): Das Christentum. Was man wirklich wissen muss. 1. Auflage. Berlin: Rowohlt Verlag.

Riese, Brigitte (2010): Seemanns Lexikon der Ikonografie. Religiöse und profane Bildmotive. Leipzig: Seemann.

Rørth, Charlotte (2018): Die Frau, die nicht an Gott glaubte und Jesus traf. 1. Auflage. Gütersloh: Gütersloher Verlagshaus.

Saehrendt, Christian (2012): Ist das Kunst oder kann das weg? Kassel, documenta-Geschichten, Märchen und Mythen. 2. Auflage. Köln: DuMont Buchverlag.

de Saint-Exupèry, Antoine (2015): Der kleine Prinz. Köln: Anaconda Verlag. Oder https://www.derkleinePrinz-online.de

Schmundt, Wilhelm (1980): Zeitgemäße Wirtschaftsgesetze. Über die Rechtsgrundlagen einer nach-kapitalistischen, freien Unternehmensordnung - Entwurf einer Einführung. 2., erw. Aufl. Achberg: Achberger Verlag. (Perspektiven der Humanität, 3).

Schmundt, Wilhelm (Hg.) (1982): Erkenntnisübungen zur Dreigliederung des sozialen Organismus. Durch Revolution d. Begriffe zur Evolution d. Gesellschaft. 2., erw. u. umgestaltete Aufl. d. Schrift „Revolution und Evolution". Achberg: Achberger Verlag.

Schmundt, Wilhelm (1993): Der soziale Organismus in seiner Freiheitsgestalt. Wangen: FIU-Verlag.

Schnappauf, Rudolf, A. (1992): Bewusstseinsentwicklung – Herausforderung für uns alle. 2. überarb. Auflage. Speyer: Gabal Verlag.

Schurz, Josef (2006): Systemdenken in der Naturwissenschaft. Von der Thermodynamik zur Allgemeinen Systemtheorie. Heidelberg: Carl-Auer-Systeme Verlag.

Schwarz, Fritz (2019): Das Experiment von Wörgl. Ein Weg aus der Wirtschaftskrise. 9. Auflage. Basel: Synergia Verlag.

Senf, Bernd (2012): Kreditbedarf, Verschuldung und Enteignung. ein Grundmuster in der Geschichte des Geldes. DVD: „Lust auf neues Geld". Leipzig: Neues Geld gGmbH.

Senf, Bernd (2014): Der Nebel um das Geld. Zinsproblematik – Währungssysteme – Wirtschaftskrisen; ein Aufklärungsbuch. 11. unveränd. Aufl. Marburg (Lahn): Metropolis-Verlag.

Snyder, Gary, Ferlinghetti, Lawrence; McClure, Michael; Meltzer, David (Hg.) (1980): Zum Schutze aller Lebewesen. Linden: Volksverlag.

Strauch, Barbara; Reijmer, Annewiek; Endenburg, Gerard (2018): Soziokratie. Kreisstrukturen als Organisationsprinzip zur Stärkung der Mitverantwortung des Einzelnen. München: Verlag Franz Vahlen.

Ulrich, Peter (2016): Integrative Wirtschaftsethik. Grundlagen einer lebensdienlichen Ökonomie-5. Auflage. Bern: Verlag Paul Haupt.

Ulrich, Peter; Maak, Thomas (2000): Die Wirtschaft in der Gesellschaft. Perspektiven an der Schwelle zum 3. Jahrtausend. Bern: Paul Haupt Verlag (St. Galler Beiträge zur Wirtschaftsethik, 27).

Werner, Götz W. (2006): Ein Grund für die Zukunft: das Grundeinkommen. Interviews und Reaktionen. 4. Aufl. Stuttgart: Verl. Freies Geistesleben.

Werner, Götz W; Goehler, Adrienne (2010): 1000 Euro für jeden: Freiheit. Gleichheit. Grundeinkommen. Berlin: Econ Verlag.

Wirth, Roland (2003): Marktwirtschaft ohne Kapitalismus. Eine Neubewertung der Freiwirtschaftslehre aus wirtschaftsethischer Sicht. Zugl.: St. Gallen, Univ., Diss., 2003. Bern: Haupt (St. Galler Beiträge zur Wirtschaftsethik, 34).